Andi Weiss

Strandgut

50 ungewöhnliche Fundstücke,
Begegnungen und Erlebnisse

Über den Autor

Andi Weiss arbeitet als Diakon mit überregionalem Auftrag in München. Der Autor, Liedermacher und Moderator ist bekannt durch Radiosendungen, ZDF-Fernsehgottesdienste und zahlreiche Konzerte. Er ist verheiratet mit Martina und lebt in München. Mehr Informationen über Andi Weiss finden Sie unter www.andi-weiss.de.

Andi Weiss

Strandgut

50 ungewöhnliche Fundstücke,
Begegnungen und Erlebnisse

© 2009 Gerth Medien GmbH, Asslar,
in der Verlagsgruppe Random House GmbH, München

Die Bibelzitate wurden, soweit nicht anders angegeben, folgender
Bibelübersetzung entnommen:
Lutherbibel, revidierter Text 1984,
durchgesehene Ausgabe in neuer Rechtschreibung,
© 1999 Deutsche Bibelgesellschaft, Stuttgart.

1. Auflage 2009
Best.-Nr. 816 188
ISBN 978-3-86591-188-9

Umschlaggestaltung: Hanni Plato
Umschlagfotos:
Getty Images, Burazin (Flasche)
Getty Images, Neil Emmerson (Strand)
Foto S. 221: Peter Großlaub, www.petergrosslaub.com
Satz: Mirjam Kocherscheidt, Gerth Medien GmbH
Druck und Verarbeitung: CPI Moravia

Nur der Beschenkte
kann ein schenkender Mensch sein,
nur der Getröstete
ein tröstender,
nur der Gesegnete
ein segnender.
Und was hätte unsere Welt nötiger
als schenkende, tröstende, segnende
Menschen.

Sabine Naegeli[1]

Inhalt

Strandgut – Ein Wort zuvor ...

„Kommen Sie mit auf eine Reise durch das Leben. Eine Reise, die so ist wie das Leben: mal lustig und heiter, mal zaghaft, zögernd und zweifelnd ... die aber angetrieben ist – von sehr viel Dankbarkeit."

So habe ich in den letzten Jahren viele Male meine Konzerte begonnen. An unterschiedlichen Orten – in Kirchen, in Kellern, unter freiem Himmel, vor einem Kloster, in einem Einkaufsladen, auf einem Campingplatz, vor Einzelnen und vor Tausenden.

„Wenn einer eine Reise tut, so kann er was erzählen", wusste Matthias Claudius, denn unterwegs findet sich Liegengebliebenes, Angespültes, Weggeworfenes, Verlorenes ... Meistens gehen wir an diesen scheinbar wertlosen Randerscheinungen vorbei, ohne den großen Wert und die Besonderheit dieser angespülten Schätze zu entdecken.

Meine Lieder entstehen nicht am Reißbrett. Ich beginne mit dem Schreiben im Herzen. Meistens sind es Situationen, die mein Herz nicht gleich verarbeiten kann. Das können schöne, aber auch traurige Momente sein. Für mich ist das Liederschreiben eine tiefe therapeutische Erfahrung. Es hilft mir, manche Dinge zu „verdauen", zu bearbeiten, zu durchdenken, und dann entsteht aus den Gedanken ein Lied.

Manchmal ist es dann, wie wenn ein Knoten aufgeht, und ich kann mit manchen Fragen weiterleben, weil ich sie gestellt und bearbeitet habe – auch wenn die Antwort noch weit entfernt und nicht greifbar scheint.

Meine Lieder liegen auf meinem (Lebens-)Weg, und mir kommt es manchmal so vor, als müsste ich sie nur aufheben. Mir fällt es schwer, Lieder zu „machen" – ich lasse sie mir lieber schenken. Meine Konzerte sind so immer wieder eine Besonderheit für sich – und ganz sicher auch für mich.

Es begeistert mich immer wieder aufs Neue, wie sich Menschen mit mir „auf den Weg" machen, mitreisen, mitgehen. Mich bewegt die Offenheit nach Konzerten. Die tiefen Gespräche geben mir den Mut und die Ahnung, dass meine Konzerte eben nicht nur Unterhaltung sind, sondern den Besuchern vielleicht auch wirklich Halt geben.

Immer wieder gibt es auch Überraschungen, mit denen ich natürlich nicht rechnen oder die ich nicht planen kann. Einmal spielte ich ein Konzert, bei dem die älteste Konzertbesucherin 104 Jahre alt war. Sie hatte eine ganz besondere Uhr. Vielleicht kennen Sie auch so eine Uhr. Eigentlich ist es eine ganz normale Uhr – aber drückt man auf einen Knopf, wird einem die Uhrzeit angesagt. Eine große Hilfe für Menschen, die nicht mehr so gut sehen können. Ich kannte so eine Uhr nicht – jedenfalls bis zu diesem Konzert. Bei jeder zweiten Liedansage ertönte nämlich: „Es ist 20:35 Uhr ...!" Ganz am Schluss sprach die Pfarrerin vor Ort noch ein Gebet. Es endete mit „Und alles, was wir sonst noch auf dem Herzen haben, das sagen wir dir jetzt in der Stille". Diesen Satz sagte sie um 21:46 Uhr. Das weiß ich noch ganz genau.

In diesem Buch möchte ich Ihnen von mir und so manchem „Strandgut" erzählen, das ich so auf meinen Reisen gefunden habe. Damit meine ich nicht nur die Konzertreisen, sondern meine Reisen durch das Leben. Natürlich geht es dabei nicht nur um mich. In diesem Buch werden Sie so manche Persönlichkeit kennenlernen, die meinen Lebensweg kreuzte.

Für mich ist es immer wieder etwas ganz Besonderes, mit Menschen in den unterschiedlichsten Momenten Leben und Glauben zu teilen. Da sind die schönen Momente, die hellen Stunden, die „Hoch-Zeiten" – manchmal auch wirklich Hochzeiten, wenn ich Paare traue –, aber dann kommen auch die dunklen Stunden, die traurigen Momente. Dann, wenn Menschen an die Grenzen ihres Lebens geraten. Wie gut, dass wir das Leben gemeinsam erleben können. Gemeinsam fragt es

13

sich leichter und gemeinsam glaubt es sich leichter.

Kommen Sie mit auf diese Reise? Mal sehen, was wir so alles gemeinsam entdecken werden.

Bleiben Sie behütet!
Ihr
Andi Weiss

Engel mit Schwimmflügeln

Ich bin ein beschenktes Kind. Ich habe Eltern und drei Geschwister. Und – noch besser – ich war der Jüngste der Familie. Mit meinen Eltern, meinen vier und sechs Jahre älteren Brüdern und meiner fünf Jahre älteren Schwester ging es in den Oster- oder Pfingstferien immer ab in den Süden. Die Freude war groß, wenn wir in den grauen Morgenstunden nach der langen Fahrt im Auto kurz vor dem Ziel aufwachten. Wir machten jedes Mal ein Spiel daraus, wer als Erster das Meer entdeckte.

Unsere Ziele waren ganz verschieden. Mal ging es nach Italien, mal nach Ungarn, nach Südtirol oder nach Kroatien. Mit dem letztgenannten Land verbinde ich eine ganz besondere Ferienerfahrung.

Ich war noch ein kleines Kind und konnte noch nicht schwimmen. Als ich eines Tages mit meinem Bruder am Strand war, meinte dieser: „Komm, wir spielen Rettungsschwimmer!", und lief auch schon los ins Wasser. Ich, wie immer, hinterher. Wenn „die Großen" etwas machten, wollte ich natürlich mit dabei sein. Keine Frage! Also ab ins Wasser.

Leider hatte ich in der Eile meine Schwimmflügel vergessen und sprang ohne sie von der Felskante in das tiefe Wasser. Ich habe heute noch das Bild vor Augen, wie ich unter Wasser die Augen aufmache, strample, weil ich nicht schwimmen kann, und dann sehe, wie eine Hand nach mir greift und mich aus dem Wasser zieht. Das „Rettungsschwimmerspiel" hatte seinen Namen wirklich zu Recht. Jahrelang haben wir uns diese Geschichte erzählt. Wenn ich mich später an diese Begebenheit erinnerte, hatte ich immer einen riesigen Strand vor Augen, mit hohen Wellen und dunklen Untiefen, und ich war manchmal nah dran, in meine Rettungserzählungen auch noch ein Krokodil mit einzubauen.

Als ich viele Jahre später mit meiner Frau noch einmal Urlaub in Kroatien machte, wollte ich mir den Ort des Geschehens noch einmal ansehen. Ich mietete mir ein Fahrrad und machte mich auf den Weg zu besagtem Strand. Nach einiger Zeit hatte ich ihn endlich auch gefunden.

Und?

Ich war enttäuscht. Ich war so was von enttäuscht! Der Strand, den ich als übergroß mit hohen Felsen und dunklen, vom Sturm aufgepeitschten Wellen in Erinnerung hatte, entpuppte sich als kleine, süße, schnuckelige Bucht. Das Wasser ging mir an der besagten Stelle vielleicht bis zu den Hüften. Wie langweilig.

Komisch, manchmal geht es mir als erwachsener Mensch und Christ genau andersrum. Ich beginne, Erfahrungen kleinzureden. Ich blicke in mein Leben zurück und schmälere selbst Dinge in meiner Vergangenheit, anstatt mich darüber zu freuen und dankbar zu sein.

In Psalm 103,2–5 heißt es: „Lobe den Herrn, meine Seele, und vergiss nicht, was er dir Gutes getan hat: der dir alle deine Sünde vergibt und heilet alle deine Gebrechen, der dein Leben vom Verderben erlöst, der dich krönet mit Gnade und Barmherzigkeit, der deinen Mund fröhlich macht und du wieder jung wirst wie ein Adler."

Die Psalmen leben von der Erinnerung und von dem dankbaren Blick zurück. Friedrich Bodelschwingh hat einmal gesagt: „Der Mensch ist gesund geworden, der danken gelernt hat." Ich wünsche uns gute Besserung!

Dafür dank ich dir

Hast mich geführt – leise –,
hast mit mir gewacht,
dein Bild gemalt –
auf deine Weise – meine Kreise rund gemacht,
bewahrt – privat –, dich mir offenbart.
Du gabst mir Halt mit deiner Gegenwart –
und dafür dank ich dir.
Hast mich gehört – gestört –,
du gabst mir meinen Wert,
hast mich durchdacht – geschafft –,
manchmal ohne Rast.
Mal warst du Mauer und manchmal eine offne Tür.
Du hattest Wacht bei Tag und Nacht –
und dafür dank ich dir.

Jetzt möcht ich Segen sein
für Menschen, die im Regen stehn.
Segen sein für die,
die schwer durchs Leben gehen.
Was du mir gabst – ist nicht bezahlbar;
kein Geld der Welt wiegt alles auf.

Lass mich das einmal widerspiegeln
und gib mich nur nicht auf.

Hast mich gehalten – verhalten –
in meiner alten Denkstruktur.
Hast mich geliebt – mit mir gesiegt –,
auch wenn ich dich oft betrüb.
Und viele fragen – nach Tagen –,
wohin die Reise geht;
konkret – ich kann nicht klagen –,
und dafür dank ich dir.

Bist mir begegnet – gesegnet –,
hast gerungen um Vertrau'n.
Ich hab gedacht – gemacht –, bin gestolpert –,
Zeit und Raum,
jetzt beendet – doch gewendet –,
den, der sendet, angefleht,
hab umgedreht, neu begonnen –
und dafür dank ich dir.

Text und Melodie: Andi Weiss

Die Reformation begann im Badezimmer

Wollen Sie mal etwas Lustiges erleben? Dazu brauchen Sie nur zwei Gegenstände: einen Wecker und eine Bibel. Stellen Sie sich morgen den Wecker mal eine Stunde früher als normal (so auf halb drei) und gehen Sie direkt nach dem Aufwachen in Ihr Badezimmer. Dort lesen Sie sich Psalm 139,14 mal laut vor. Da heißt es: „Ich bin wunderbar gemacht ... wunderbar hast du mich geschaffen ...“ Und dann schauen Sie in den Spiegel. Ich kenne niemanden, der an dieser Stelle nicht laut zu lachen beginnt.

Aber mal Spaß beiseite. Schauen Sie gerne in den Spiegel? In Psalm 139 lesen wir: „Denn du hast meine Nieren bereitet und hast mich gebildet im Mutterleibe. Ich danke dir dafür, dass ich wunderbar gemacht bin; wunderbar sind deine Werke; das erkennt meine Seele. Es war dir mein Gebein nicht verborgen, als ich im Verborgenen gemacht wurde, als ich gebildet wurde unten in der Erde. Deine Augen sahen mich, als ich noch nicht bereitet war, und alle Tage waren in dein Buch geschrieben, die noch werden sollten und von denen keiner da war.“

Schauen Sie gerne in den Spiegel? Fällt es Ihnen leicht, in den Spiegel zu blicken und zu sich selbst zu sagen: „Ich bin wunderbar gemacht! Ich habe Gaben, die so sonst keiner hat. Ich habe Fähigkeiten, die so nur ich habe. Ich sehe so aus wie niemand sonst!"? Gefällt Ihnen, was Sie da sehen?

Friedrich der Große soll einmal gesagt haben: „Es heißt, dass wir Könige auf Erden die Ebenbilder Gottes seien. Ich habe mich daraufhin im Spiegel betrachtet. Sehr schmeichelhaft für den lieben Gott ist das nicht."

Ich glaube, wenn wir lernen, in den Spiegel zu blicken und zu unseren Fähigkeiten und Schwächen Ja zu sagen, dann können wir auch ein zweites Mal in den Spiegel blicken und die Dinge annehmen, die uns nicht so gefallen. Ich denke an die Baustellen unseres Lebens, die Momente, in denen wir uns eine „blutige Nase" holen, die Stunden, in denen wir an uns selbst zweifeln. Ich glaube, es wird Zeit, dass wir lernen, zu uns zu stehen.

Es wird Zeit für dich, zu dir zu stehn

Es gibt die Dinge,
zu denen du gerne stehst.
Es gibt die Tage,
durch die du gerne gehst.
Stille Momente,
die Ahnung voller Glück.
Doch dann gibt es auch die Zeiten,
da gibt es kein Zurück.

Was ist schon Können?
Das, was man an dir mag.
Du hörst alles Lob,
es prallt nur an dir ab.
Würdest gern, so gerne teilen,
was andre in dir sehn.
Es wird Zeit für dich, zu dir zu stehn.

Langsam leben lernen
und nicht untergehn.
Mal ebenbildlich werden
und sich in die Augen sehn.

Niemand kann dich vor dir schützen,
selbst wenn fremde Fahnen wehn,
können Spiegelbilder nützen.
Es wird Zeit für dich, zu dir zu stehn.

Im Spiegel siehst du,
was man so sieht.
So wie du bist,
so bist du geliebt.
Kein Mensch kann wachsen,
wenn er Schlechtes versteckt.
Halt dir die Treue
und halt dich nicht bedeckt.

Schau auf die Siege,
schau auf den Verlust.
Zeig deine Freude
und steh zu deinem Frust.
Sei dir nicht zu gut,
nicht alles muss sich um dich drehn,
doch es wird Zeit für dich, zu dir zu stehn.

Text und Melodie: Andi Weiss, CD: „liebenswürdig",
© Gerth Medien Musikverlag, Asslar

Ein Mensch ohne Macke ist Kacke!

Neulich habe ich ein Konzert vor geistig behinderten Menschen gegeben. Vor dem Konzert hatte ich die Ehre, meine Konzertbesucher in ihren Gruppen zu besuchen. Stolz bekam ich die Zimmer vorgeführt, wurde umarmt, geküsst und voller Freude empfangen. An einer Zimmertür hing ein buntes Plakat, auf dem stand: „Ein Mensch ohne Macke ist Kacke!"

Selten habe ich so zufriedene und nette Menschen erlebt wie in diesem Haus. In den täglichen Begegnungen frage ich mich oft, wo wir eigentlich anderen Menschen mit Würde begegnen. Die Würde des Menschen ist so wichtig, dass sie im Grundgesetz verankert ist. „Die Würde des Menschen ist unantastbar", heißt es da.

Gott sieht jeden Menschen in seiner Würde. Wenn ich die Geschichten der Bibel lese, entdecke ich, wie Jesus anderen Menschen mit Würde begegnet. Da bekommt die Ehebrecherin eine neue Chance und der sehnsüchtige Zöllner entdeckt seine neu gewonnene Würde. Menschen beginnen zu begreifen, dass sie es wert sind, geliebt zu werden, und können so anfangen, sich selbst zu lieben.

Gott nimmt uns ernst und schreibt so Geschichte in dieser Welt – auch mit Ihnen.

Sie glauben, Gott könnte mit Ihnen keine Geschichte schreiben? Dann schauen Sie sich bitte einmal die Menschen aus der Bibel an – Menschen, mit denen Gott großartige Dinge vollbracht hat. Ich bin mir sicher, diese Auflistung wird Sie ermutigen:

NOAH war ein Säufer ...
ABRAHAM war zu alt ...
ISAAK war ein Tagträumer ...
JAKOB war ein Lügner ...
LEA war hässlich ...
JOSEF wurde missbraucht ...
MOSE war ein Mörder und stotterte ...
GIDEON hatte Angst ...
SIMSON hatte lange Haare und war ein Frauenheld ...
RAHAB war eine Hure ...
JEREMIA und TIMOTHEUS waren zu jung ...
DAVID hatte eine Affäre und war ein Mörder ...
ELIA war selbstmordgefährdet ...
JESAJA predigte nackt ...
JONA lief vor Gott weg ...
NAOMI war Witwe ...
HIOB war pleite ...
JOHANNES DER TÄUFER aß Käfer ...

PETRUS verleugnete Christus ...
DIE JÜNGER schliefen beim Beten ein ...
MARTA machte sich ständig Sorgen ...
MARIA MAGDALENA war ... na ja lassen wir das ...
Die SAMARITISCHE FRAU war geschieden ... mehr als
    einmal ...
ZACHÄUS war zu klein ...
PAULUS war zu religiös ...
TIMOTHEUS hatte ein Magengeschwür ...
Und LAZARUS war tot!

Meinen Sie immer noch, Gott könnte mit Ihnen
keine Geschichte schreiben? Meinen Sie wirklich,
Gott könnte mit Ihrem Leben nichts anfangen?

Ich glaube, wenn wir uns von Gott unsere Würde
zusprechen lassen, dann können wir ein großer
Segen für unsere Umwelt werden. Oft behandeln wir
andere Menschen unwürdig, weil wir uns unserer eigenen Würde nicht bewusst sind. Das Wort „Würde"
ist eng mit dem Wort „Wert" verbunden. Wer bestimmt den Wert eines Menschen? Wer darf mir
meinen Wert zusprechen? Welcher Mensch ist unserer Liebe wert? Welche Menschen dürfen in Würde
sterben und welche nicht? Wo dürfen Menschen, die
in ihren Lebenskonzepten gescheitert sind, in unserer Nähe ihre Würde wiederentdecken? Ich glaube,
wir Menschen können erst dann andere Menschen
ernst nehmen, wenn wir lernen, uns selbst ernst und
*an*zunehmen. Wir können erst dann vergeben, wenn

wir uns selbst vergeben. Und sich selbst lieben fällt dann leichter, wenn wir wissen, dass wir von Gott geliebt und gehalten sind.

Camilla

Ich möchte Ihnen von Camilla erzählen. Camilla starb am 23. Februar 2008 im Alter von 49 Jahren an den Folgen eines Krebsleidens. Sie war Mitglied unserer Gemeinde. Vor einigen Jahren hatte ich ihren Sohn konfirmiert, und so kam ich mit ihr und ihrer liebenswürdigen Familie in Kontakt.

Mich bewegte es sehr, wie sich Gemeindemitglieder und Hauptamtliche nach der Krebsdiagnose um Camilla und ihre Familie kümmerten und sie im Krankenhaus besuchten.

Ehrlich, mir selbst ist es schwergefallen, zu ihr ins Krankenhaus zu gehen. Als Diakon in der Jugendarbeit hat man meist sehr wenig mit dem Tod zu tun. Erst in den letzten Jahren kam ich häufiger auch mit Sterben und Tod in Kontakt.

Vor meinem ersten Besuch bei Camilla habe ich mich gefragt: Was sage ich nur – ich, der Diakon, von dem doch hoffnungsvolle, aufbauende Worte erwartet werden? Als ich dann nach diesem ersten Besuch das Krankenhaus verließ, habe ich gemerkt, dass ich nicht der Schenkende, sondern der Beschenkte war.

„Wenn ich dann rüberrolle ..." – dieser Satz ist mir aus den Besuchen im Ohr und im Herzen geblieben. Wenn eine Frau, die nur noch wenige Wochen zu leben hat, über ihren Glauben und ihre Hoffnung spricht, dann ist das wohl die schönste Predigt, die man hören kann. Und doch, so einen Tod kann man nicht schön-, nicht rund- und auch nicht frommreden. Wenn eine Frau mit 49 Jahren stirbt, dann kann man diesen Tod nicht einfach hinnehmen. Da stellt sich die Frage nach dem Warum.

In unserer Gemeinde bieten wir in unseren Gottesdiensten nach der Predigt immer die Möglichkeit zum Gebet und zur Fürbitte an. Wie oft hatten wir in den letzten Jahren mit Camilla gebetet, hatten gehofft, gerungen und gefleht! Ich erinnere mich noch an den Sonntag, an dem sie mich an der Kirchentür mit einem freudigen „Ich bin krebsfrei!" umarmte. Nur kurze Zeit später machte sich der Krebs in Camillas Körper erneut breit.

Warum lässt Gott so etwas zu? Wieso nimmt Gott einem Mann die Frau und einem Sohn die Mutter? Fällt es in solchen Momenten nicht schwer, an einen gnädigen Gott zu glauben?

Goethe schrieb nach dem 1. November 1755, dem Tag, an dem bei einem Erdbeben in Lissabon rund 50.000 Menschen umkamen: „Gott, der Schöpfer des Himmels und der Erden, [...] hatte sich, indem er die Gerechten und Ungerechten gleichem Verderben preisgab, keineswegs väterlich bewiesen." Es gibt viele Versuche, Antworten auf die Frage nach dem Warum zu finden. Warum scheint Gott nur so fern, so ungreifbar, so unfähig und ohnmächtig?

Viele Menschen haben versucht, auf diese Frage eine Antwort zu geben. Viele dieser Antworten sind mir aber zu platt, zu ungewiss; sie nehmen oft die trauernden Menschen nicht ernst genug. Ich glaube, es ist wichtig, diese Frage zu stellen und sie nicht einfach wegzuschweigen. Es ist notwendig, diese Anklage erst einmal so stehen zu lassen und auszuhalten. Ich darf vor Gott auch meine Zweifel und meine Fragezeichen benennen. Ich möchte fragen: „Gott, warum lässt du das zu? Ich verstehe dich nicht!" Auch das gehört· zu einer guten Gottesbeziehung.

Dietrich Bonhoeffer entdeckt gerade hier den Schatz christlichen Glaubens, wenn er schreibt: *„Vor und mit Gott leben wir ohne Gott. Gott lässt sich aus der Welt herausdrängen ans Kreuz, Gott ist ohnmächtig und schwach in der Welt und gerade und nur so ist er bei uns und hilft uns. Es ist in Matthäus 8,17 ganz deutlich, dass Christus nicht hilft kraft seiner Allmacht, sondern kraft seiner Schwachheit, seines Leidens! Hier liegt der entscheidende Unterschied zu allen Religionen. Die Religiosität des Menschen weist ihn in seiner Not an die Macht Gottes in der Welt. [...] Die Bibel weist den Menschen an die Ohnmacht und das Leiden Gottes; nur der leidende*

Gott kann helfen. Insofern kann man sagen, dass die beschriebene Entwicklung zur Mündigkeit der Welt, durch die mit einer falschen Gottesvorstellung aufgeräumt wird, den Blick frei macht für den Gott der Bibel, der durch seine Ohnmacht in der Welt Macht und Raum gewinnt.[2]

Ich möchte glauben, dass Gott es gut mit mir meint. Ich sehe den Mensch gewordenen Gott, Jesus, am Kreuz hängen. Dort am Kreuz ist mir Gott so nahe wie sonst nie. Der große Gott erniedrigt sich und trägt meine Lasten, meine Fragen, meine Sorgen und meine Schuld. Das bewegt mich! Da solidarisiert sich jemand mit meinen Schwierigkeiten. Und wenn Gott auf meiner Seite steht, dann möchte auch ich auf der Seite der Schwachen und Gescheiterten stehen. Ich glaube, das ist eine wichtige Erkenntnis, die nur aus der Frage nach dem Warum wachsen kann.

In den Monaten des Abschiednehmens von Camilla habe ich eine Ahnung bekommen, was es heißt, von Gott und von einer Gemeinde gehalten und getragen zu werden. Mitten im Leben, aber auch an den Grenzen des Lebens. Als die Nachricht von Camillas Tod kam, habe ich mich ans Klavier gesetzt und versucht, die Ahnung, die in dieser Zeit gewachsen ist, zu Papier zu bringen. Daraus ist das Lied „Dein Glück" entstanden ...

Dein Glück

Wenn Stürme toben,
wenn das Leben leblos scheint,
der Blick nach oben
nur bis zur Zimmerdecke reicht.
Du fasst ins Leere,
verpasst den Lebenssinn.
Du fühlst, was du nicht willst,
da ist ein Fehler im System.

Wenn niemand deine Lebensgeister weckt,
dein Naturtalent entdeckt
und sieht, was in dir steckt.
Wenn keiner dich beim Namen nennt,
wenn sich das Leben von dir trennt
und kein Erbarmen kennt:

Dann halt ich dich
nur dicht an mich.
Ich lass nicht zu,
dass du alleine von hier gehst.
Ich geh mit dir mit,

31

halt mit dir Schritt.
Im Blick zurück
siehst du:
Ich bin dein Glück.

Du suchst nach dem Gefühl,
nach der Belebung, die mal war.
Du lässt dich nur aufwühln,
doch das Gefühl ist nicht mehr da.
Kannst du den Weg sehn?
Dann schlag, sobald du kannst, ihn ein –
soll dieser Weg denn
für dich schon hier zu Ende sein?

Wenn sich dein Inneres nur zwingt,
jeder Fehler sich bedingt,
dein Herz schon lange nicht mehr singt.
Wenn sich niemand zu dir stellt,
wenn sich der Himmel nicht erhellt –
wenn dein Vorhang fällt.

Text und Melodie: Andi Weiss, CD: „liebenswürdig",
© Gerth Medien Musikverlag, Asslar

Das Beste kommt noch

... und dann trafen wir uns an ihrem Grab – Camillas Mann und ihr Sohn, Verwandte, Freunde, Arbeitskollegen, Menschen aus unserer Gemeinde. Tränen und Betroffenheit. Ich war überrascht, wie viele sich freigenommen hatten, um Camilla auf diesem letzten Weg zu begleiten.

Kalt und grausig war das Wetter. Wie passend für eine Beerdigung! Vor meinem letzten Besuch bei Camilla wenige Tage zuvor drückte mir jemand im Pfarramt eine Blume, eine „Osterglocke", in die Hand. Ich brachte die Blume mit ins Krankenhaus und überreichte sie ihr mit den Worten: „Camilla, diese Osterglocke ist für dich, weil ich glaube, dass für dich die Osterglocken dieses Jahr früher läuten werden." Das war ihr Glaube und ihre Hoffnung. Diese Gewissheit gab ihr Kraft auszuhalten. Am Grab legte ich ihr dann einen ganzen Strauß Osterglocken ins Grab und wünschte ihr „Frohe Ostern".

Der Liederdichter Paul Gerhardt formuliert mitten in den Stürmen des Dreißigjährigen Krieges: „Kann uns doch kein Tod nicht töten, sondern reißt unsern

Geist aus viel Tausend Nöten, schließt das Tor der bittern Leiden und macht Bahn, da man kann gehn zu Himmelsfreuden." Kein Tod kann töten – keine Not kann groß genug sein. Und doch ist man auch als gläubiger Mensch mitten in dieser Not gefangen. Hat mit Not und Krankheit, mit Zweifel und Tod zu kämpfen.

Der Theologe Hans-Joachim Eckstein schreibt: „Was bedeutet es nun, an Christus zu glauben? Freude oder Traurigkeit, Stärke oder Schwachheit, Gewinn oder Verlust, Glücklichsein oder Leiden, Frieden oder Kampf? Beides – und das Erste mitten im Zweiten!"

Mitten in der Krise ist Gott unsere Aussicht. Mitten in der Krankheit, mitten in der Trübsal und in den Sorgen unseres Lebens dürfen wir die Freude entdecken, die Gott uns schenkt. Mitten in unserer (geistlichen) Armut dürfen wir den Reichtum entdecken, den Gott für die bereithält, die sich aufmachen und nach seinen Schätzen suchen! Mitten in den Sorgen dürfen wir Worte der Erlösung hören!

Es gibt eine Geschichte über eine alte Frau, die eines Tages erfährt, dass sie unheilbar krank ist. Sie weiß: Sie wird in wenigen Wochen sterben. Sie lädt den Pfarrer zu sich nach Hause ein, um die letzten Dinge zu regeln. Sie erzählt ihm aus ihrem Leben – viel muss sie ihm nicht mehr erzählen; die beiden kennen sich schon sehr lange. Die Frau ist ein treues Gemeindemitglied. Sie hat nie viel Geld besessen.

Das wenige, das sie hat, will sie der Gemeinde überlassen. Sie diktiert dem Pfarrer die Lieder, die man auf ihrer Beerdigung singen soll. Statt Blumen will sie lieber Spenden für die Gemeinde. Dann sagt sie: „Pfarrer, zu dem Ort, zu dem ich gehe, kann ich nichts mitnehmen ... aber eines bitte ich dich: Wenn man mich beerdigt, möchte ich in meiner rechten Hand mein Gesangbuch halten. Ich habe es zur Konfirmation geschenkt bekommen. Es hat mir in schweren Zeiten immer wieder Mut gegeben." Sie beginnt, feierlich ein Lied von Paul Gerhardt zu zitieren: „Die Sonne, die mir lachet, ist mein Herr Jesu Christ! Und was mich singend machet, ist, was im Himmel ist!"

Als der Pfarrer gehen will, bemerkt er, dass die Frau noch etwas auf dem Herzen hat.

Und tatsächlich: „Ich habe noch eine Bitte!", sagt die Frau, „gib mir nicht nur in die rechte Hand mein Gesangbuch, sondern leg mir in die linke Hand auch noch einen Löffel!"

Der Pfarrer runzelt die Stirn und will wissen, was es nun damit wieder auf sich hat.

Mit einem Lächeln auf dem müden Gesicht erklärt die Frau ihre Bitte: „Weißt du, Pfarrer, immer wenn ich bei euren Gemeindefeiern eingeladen war, die Hauptspeise vorbei war und die Tische abgeräumt wurden, sagten die Leute zu mir: ,Behalte den Löffel in der Hand, denn das Beste kommt noch!' Und dann wusste ich, sie hatten mal wieder einen ganz besonderen Nachtisch gezaubert! Wenn die Leute an meinem offenen Sarg vorbeigehen und dich fragen, warum ich einen Löffel in der Hand halte, dann, Pfarrer, dann sag es ihnen, wie es ist: Das Beste kommt noch!"

Warum Blinde besser sehen ...

Vielleicht bekommt man gerade in den Momenten, die einem die Begrenztheit des Lebens aufzeigen, einen ganz besonderen Blick auf das Leben. Vielleicht sehnt man sich in solchen Situationen umso mehr nach dem Blick „hinter den Vorhang". Vieles bleibt ja doch für unsere Augen unsichtbar. Da bleiben Fragen auch Fragen. Man ringt um Antworten und findet sie nicht.

Natürlich sucht man diese Antworten auch im „Buch der Bücher". Da stößt man beim Lesen dann auf Bibelverse, die einem spontan Kraft geben, einen ermutigen oder ermahnen. Man weiß direkt etwas mit ihnen anzufangen. Und dann gibt es Worte, die sich querstellen, die sich gegen einfache „08/15-Predigten" wehren und die man erst – wie Martin Luther rät – wie ein Kräutlein reiben muss, damit sie ihren Duft entfalten.

Ein solches Wort von Jesus findet sich zum Beispiel in Johannes 9,41: „Wärt ihr blind – so hättet ihr keine Sünde; weil ihr aber sagt: Wir sehen, bleibt eure Sünde." Über diesen Text hatte ich einmal zu predigen. Ich lese den Bibeltext zur Predigtvorbereitung grundsätzlich mindestens eine Woche vorher und nehme ihn dann mit in meinen Alltag. Neben der Literatur, die ich dazu lese, können die eigentlichen Bibelworte so noch einige Tage lang in mir reifen und ich kann am Ende der Woche die Früchte für die anstehende Predigt ernten. Genauso hab ich das mit diesem Text auch gemacht.

In dieser Geschichte ist Jesus wieder einmal mit seinen Jüngern unterwegs und sie begegnen einem Menschen, der von Geburt an blind ist. Seine Jünger fragen Jesus: „Wer hat gesündigt, er oder seine Eltern, dass er blind auf die Welt gekommen ist?"

Damals glaubte man, dass jede Krankheit die direkte Folge von Sünde war – entweder von der betroffenen Person selbst oder von ihren Eltern. Theologen nennen das den „Tun-Ergehns-Zusammenhang". Wenn also jemand krank war, keinen Erfolg hatte oder sonst etwas in seinem Leben schieflief, dann war der Fall klar: Es war Sünde im Spiel. Entweder er selbst, seine Eltern oder seine Großeltern hatten etwas Böses getan, und deshalb wurde die Person jetzt von Gott gestraft.

Auch heute ist dieser Glaube noch weit verbreitet. „Die kleinen Sünden straft der liebe Gott sofort" ist ein bekannter Ausspruch, den wir alle kennen.

Doch Jesus hebt diesen Zusammenhang auf. Er sagt: „Keiner ist schuld an der Blindheit dieses Mannes – sondern an diesem Menschen werdet ihr sehen, was Gott euch Menschen Gutes schenkt!", und er heilt den Blinden.

Bis hierher ist das eigentlich eine sehr schöne Geschichte. Man kann den Text gut verstehen. Es gibt ja auch viele schlaue Bücher, die einem das, was man nicht versteht, erklären können. Aber meistens ist ja das „Verstehen vom Kopf" her nicht gleichzusetzen mit dem „Verstehen vom Herzen". Jesus bekommt hier ein Problem, denn er hat die Rechnung ohne die Pharisäer gemacht. Die Pharisäer waren Menschen, die genau aufgepasst haben, dass alle frommen Regeln eingehalten werden.

Dieser Tag, an dem Jesus den Blinden heilt, ist ein Sabbat, der Tag der Ruhe. Eine große Diskussion entsteht darüber, ob der Blinde wirklich blind war und ob Blinde am Sabbat überhaupt geheilt werden dürfen.

Mitten in die hitzige Diskussion sagt Jesus: „Ich bin in diese Welt gekommen, damit die Blinden sehend werden und die Sehenden blind."

Und die Pharisäer fragen empört: „Ja, sind wir denn auch blind?" Natürlich meinen sie, die Antwort schon längst zu kennen.

Umso mehr überrascht sie die Reaktion von Jesus, der sagt: „Wärt ihr blind, so hättet ihr keine

Sünde; weil ihr aber sagt: Wir sehen, deshalb bleibt eure Sünde."

An diesem Satz habe ich dann die ganze Woche über geknabbert und mich gefragt: Was will mir dieser Satz sagen? Was bedeutet er für unseren Glaubensalltag?

Ich kam zu keinem brauchbaren Ergebnis. Frustriert verließ ich meinen Schreibtisch und machte, was alle Kreativgurus für solche Momente vorschlagen: etwas ganz anderes. Ich ging in unseren Keller, um diesen endlich mal zu entrümpeln. Vielleicht hatte ich insgeheim auch die Hoffnung, gleichzeitig meinen Kopf etwas zu entrümpeln und klare Gedanken und Ideen für die Predigt zu bekommen. In der Kiste mit meinen Kindersachen fiel mir meine Brille, die ich in Kindertagen tragen musste, in die Hände und plötzlich verstand ich den Bibeltext ...

Mit knapp zehn Jahren war mein linkes Auge schwächer als das rechte. Wenn ich müde war, begann ich zu schielen. Andere fanden das recht lustig, aber ich nicht und meine Eltern auch nicht. Es begann ein Kampf mit meinen Eltern, die mich zu einem Augenarzt bringen und mir eine Brille verpassen wollten. Das wollte ich natürlich damals nicht, musste mir aber auch eingestehen, dass ich ein Problem hatte. Dieses Problem war ja gar nicht meine Schuld; ich konnte ja nichts dafür – es ging einfach um ein Defizit. Es ging darum, mir einzugestehen, dass ich nichts sah oder eben schlecht sah …

Ich darf mir selbst als Mensch eingestehen, dass ich nicht alles weiß!

Es gibt Menschen, die genau wissen, was Gott in jeder Minute zu sagen hat. Sie können genau sagen, wie der Himmel aussieht. Sie wissen auch, an welchem Wochentag und zu welcher Uhrzeit Jesus wiederkommen und welche Kleidung er bei seiner Wiederkunft tragen wird. Ich rate Ihnen, solchen Menschen mit großer Vorsicht zu begegnen. Wir dürfen uns eingestehen, dass wir blind sind, und dürfen uns ganz im „blinden Vertrauen" in die Arme Gottes werfen.

Das Eingestehen damals, dass ich nichts sah, war das eine – das tatsächliche Tragen einer Brille allerdings etwas ganz anderes. Brille – nein danke! Wie uncool!

Nicht selten waren dabei Tränen im Spiel. Ich wollte diese Brille einfach nicht anziehen. In der Schule mussten die Schüler jetzt überlegen, ob sie mich lieber „Brillenschlange" wegen der Brille oder „Dumbo" wegen meiner großen Ohren nennen wollten. Kinder können ganz schön grausam sein. Es war für mich schrecklich, eine Brille zu tragen, und meistens zog ich sie auch nicht an. Bis zu dem Tag, an dem mein Freund und Banknachbar in der Schule auch eine Brille bekam. Das war für mich eine ganz besondere Kehrtwendung.

So ist das auch im Glaubensleben. Gemeinsam kann man seine „blinden Flecken" besser ertragen. Gemeinsam fragt und glaubt es sich leichter.

Aber ich hatte trotzdem noch ein Problem mit meiner Brille. Ich hatte nämlich einfach keine Lust, sie zu tragen. Bis mir der Arzt dann erklärte, dass das Auge ein Muskel ist, der trainiert werden will. In meinem Fall bedeutete das, dass sich die unterschiedlichen Augenwerte verbessern könnten, wenn ich ein paar Jahre fleißig meine Brille tragen würde. Ab diesem Tag zog ich regelmäßig meine Brille an und nach ein paar Jahren war die Brille nicht mehr nötig.

So ist es mit dem Glauben. Er will gelebt und erfahren werden. Mit Erfolgen und Niederlagen. Im Versuchen und Ausprobieren. Im „Sich-Annähern". Diese gesammelte Erfahrung finden wir in der Bibel. Eben kein „heißer Backstein", der vom Himmel gefallen ist, sondern die Geschichten von Menschen. Ganz unterschiedliche Menschen. Reiche und Arme, Kranke und Gesunde, Erfolgreiche und Verlierer, Fromme und Sünder, die eines gemeinsam hatten: sie haben sich in ihrem Leben aufgemacht, um Gott zu suchen, und haben ihn jeweils auf ihre Art und Weise entdeckt. Diese Menschen haben nicht aufgehört zu fragen. Glaube wächst mit der Beständigkeit.

Leonardo da Vinci hat gesagt: „So wie das Eisen außer Gebrauch rostet und das stillstehende Wasser verdirbt oder bei Kälte gefriert, so verkommt der

Geist ohne Übung." Der Glaube wächst und reift in der Übung. Im Einüben. Gemeinsam übt es sich leichter. Es ist ein hoher Schatz, mit den Menschen aus der Bibel und mit den Menschen in der Gemeinde unterwegs zu sein und gemeinsam den Glauben zu üben. Martin Luther schreibt: „Das christliche Leben ist nicht Frommsein, sondern Frommwerden, nicht Gesundsein, sondern Gesundwerden, nicht Sein, sondern Werden, nicht Ruhe, sondern Übung. Wir sind's noch nicht, wir werden's aber."[3]

Es ist gut und wichtig, Vorbilder zu haben, die einem beim Üben helfen und ihren Glauben vorleben. Meine Eltern brachten uns schon früh wichtige Glaubenswerte bei, indem sie uns diese vorlebten. Was mich faszinierte, war die Feststellung, wie „bunt" der Freundeskreis meiner Eltern war und wie sie uns immer zeigten, dass jeder Mensch bei uns einen Platz haben darf. Bei Familienfesten und Besuchen kam das dann immer besonders zum Tragen. Es war selbstverständlich, dass Behinderte und Alte besucht oder zu Festen mit eingeladen wurden.

Wir haben in unserer Familie den Menschen in unserem Umfeld immer Namen gegeben. Der Herr in unserer Straße, der in seiner Garage Getränke verkaufte, hieß „Biermann". Der Mann, der unsere Bäume pflegte, war der „Baumschneider". So hieß ein sehbehinderter Freund meines Vaters „Blinder Klaus", und ich dachte als Kind, dass die Leute wirklich auch so hießen. Einmal waren wir eben bei genau diesem „Blinden Klaus" zu Besuch. Wir waren fasziniert von seinen vielen technischen Geräten, die er als blinder Mensch flink bediente. Die Krönung war seine Modelleisenbahn. Er setzte geschickt die Loks und Triebwagen auf die Gleise und schickte sie los, bis viele verschiedene Züge unterwegs waren. Dann deutete er in die Richtung und benannte die einzelnen Züge: „Da hinten fährt jetzt die E-Lok 207 – und jetzt kommt hier der ICE." Als kleiner Junge war ich fasziniert. Ungläubig prüfte ich, ob er nicht doch heimlich guckte und uns vielleicht nur gesagt hatte, dass er gar nichts sehen konnte. Aber dem war nicht so. Seine Augen waren seine Ohren. Manchmal sehen wohl Blinde wirklich besser.

In Jesaja 64,3 steht: „Was kein Auge gesehen hat und kein Ohr gehört hat und in keines Menschen Herz gekommen ist, das hat Gott bereitet denen, die ihn lieben."

Beten Sie?

Beten Sie? Ja? Wie machen Sie das? Im Stehen, im Sitzen, kniend? Laut oder leise? Wie reden Sie mit Gott? Wie reden Sie ihn an? Suchen Sie nach ganz besonderen Worten, um Gott zu gefallen? Versuchen

Sie, höhere Dimensionen zu erreichen, um ihm in all Ihrer persönlichen Unwürdigkeit mit all seinen Engeln und Erzengeln in all ihrer Pracht unter die Augen treten zu dürfen? Schon immer haben die Menschen Kulthandlungen vollzogen, um sich auf irgendeine Art und Weise Gott zu nähern.

Beten ist also eigentlich gar nichts Neues – sogar nicht einmal etwas speziell Christliches. Ich glaube, in jedem Menschen steckt die Sehnsucht nach einem Gegenüber. Da keimt der Wunsch, Antworten auf das „Woher" und „Wohin" zu finden. Schon immer haben die Menschen versucht, aus unterschiedlichen Gründen mit Gott zu kommunizieren. Alle haben die gleiche Erfahrung gemacht: Manchmal funktioniert das – Gott erhört Gebete – und manchmal auch nicht. Ich denke an die Geschichte von Kain und Abel. Da wird das Gebet von Abel erhört, das von Kain nicht. Die Enttäuschung bei Kain – dessen Gebet nicht erhört wird – ist groß, und letztlich führt sie dazu, dass er seinen Bruder Abel tötet.

Solche Geschichten finden wir nicht nur in der Bibel. Mal ehrlich, wie viele unserer Gebete hat Gott wirklich erhört? Wie oft haben sich Fragen breitgemacht wie: „Hört Gott mich denn gar nicht? Habe ich etwas falsch gemacht? Gibt es diesen Gott überhaupt?" Wenn es Gott wirklich geben würde, dann müsste er doch mein Gebet hören! Ich glaube, Gott erhört unsere Wünsche, auch wenn er sie nicht immer nach unseren Vorstellungen erfüllt. Im Gebet werfe ich mich Gott in die Arme. Ich befehle mich ihm an. Gott ist dann nicht mehr der „Wünsche erfüllende Kaugummiautomat", sondern der gute Vater, dem ich mich anvertrauen darf.

Im Folgenden betet ein unbekannter Soldat: „Ich bat Gott um Kraft, um etwas zu leisten. Ich wurde schwach, auf dass ich in Demut gehorchen lerne. Ich bat Gott um Gesundheit, um Größeres zu tun. Ich erhielt Krankheit, auf dass ich Besseres tue. Ich bat um Reichtum, um glücklich zu werden. Ich erhielt Arbeit, auf dass ich weise werde. Ich bat um Macht, um Menschenruhm zu ernten. Ich erhielt Schwäche, auf dass ich Gottes Hilfe suche. Ich erbat alles, um mich des Lebens zu erfreuen. Ich erhielt das Leben, um mich an allem zu erfreuen. Ich bekam nichts von dem, was ich erbat. Und doch alles, was ich erhofft hatte. Fast gegen mein Wollen fand unausgesprochenes Beten Erfüllung. Unter allen Menschen bin ich reich gesegnet."

Beten will gelernt sein. Deshalb bitten die Jünger Jesus: „Herr, lehre uns beten! Zeig uns, wie wir mit Gott in Kontakt treten können." Beten will geübt sein, weiß Dietrich Bonhoeffer, wenn er schreibt: „Wir sagen, Religion sei Stimmungssache, man müsse warten, bis es einen überkäme; und dann warten wir und warten oft jahrelang – vielleicht bis zu unserem Lebensende –, bis wir wieder einmal Stimmung haben, religiös zu sein. Dahinter verbirgt sich eine große Täuschung. Gut, lasst die Religion Stimmungssache sein, aber Gott ist doch nicht Stimmungssache, ist doch wohl auch da, wenn wir keine Stimmung haben, mit ihm zusammenzustoßen. Beunruhigt uns denn der Gedanke gar nicht? Wer sich auf seine Stimmungen verlassen will, der verarmt. In der Religion gibt es, wie in der Kunst und Wissenschaft, neben den Zeiten der Hochspannung Zeit der nüchternen Arbeit und Übung. Der Verkehr mit Gott muss geübt werden, sonst finden wir nicht den rechten Ton, das rechte Worte, die rechte Sprache, wenn er uns überrascht. Wir müssen die Sprache Gottes lernen, mühsam lernen, müssen arbeiten daran, dass auch wir zu ihm reden können; auch das Gebet muss geübt werden, in ernster Arbeit. Ein schwerer, verhängnisvoller Irrtum ist es, wenn man Religion mit Gefühlsduselei verwechselt. Religion ist Arbeit, und vielleicht die schwerste und gewiss die heiligste Arbeit, die ein Mensch tun kann. Es ist jämmerlich, sich zufriedenzugeben mit den Worten ‚Ich bin nicht religiös veranlagt', wenn es doch einen Gott gibt, der uns haben will."[4] Ein schönes Bild, wie ich finde. Ein Gott, „der uns haben will", der sich nach uns sehnt.

Martin Luther schreibt in seinem „Kleinen Katechismus" zum „Vaterunser": „Gott will uns damit locken, dass wir glauben sollen, er sei unser rechter Vater und wir seine rechten Kinder, damit wir getrost und mit aller Zuversicht ihn bitten sollen wie die lieben Kinder ihren lieben Vater."[5] Das hört sich schon sehr brav an.

Haben Sie schon einmal gesehen, wie „die lieben Kinder" „ihren lieben Vater" oder „die liebe Mutter" bitten? Dazu müssen Sie nur in einen Einkaufsladen gehen und dort abwarten, bis eine Mutter oder ein Vater mit einem kleinen Kind an die Kasse kommt. Da werden die bittenden „lieben Kinder" zu gar nicht so lieben Terrorzwergen. Da wird geschrien, geheult, gejammert, gefleht.

Ich denke dabei an die Geschichte von Bartimäus. Er ist blind, sitzt am Wegesrand, und wenn er Schritte hört, dann wächst seine Hoffnung. Vielleicht bekommt er doch etwas zu essen oder ein Geldstück in die Hand gedrückt? Manchmal bekommt er vielleicht auch nur einen Fußtritt. „Schleich dich, Blinder! Geh weg, du machst mir mein Geschäft kaputt!" Mit seiner Sehnsucht im Herzen sitzt Bartimäus tagein, tagaus am Wegesrand. Er hört Schritte – Hoffnung keimt – Hoffnung wird erfüllt – kurzfristig – er bekommt wieder Hunger – wieder Schritte – Hoffnung wird enttäuscht.

Ich finde, das ist ein gutes Bild für unser Leben – gerade auch für unser Glaubensleben. Wir hören von Dingen, die uns Hoffnung machen. Manchmal lohnt es sich zu hoffen und unser Hoffen wird belohnt. Manchmal werden wir aber einfach nur enttäuscht. Enttäuscht von anderen Menschen und manchmal auch von Gott, weil er uns nicht so hört und zuhört, wie wir uns das wünschen. Gott schweigt scheinbar.

Eines Tages hört Bartimäus von Jesus. Von einem Menschen voller Liebe und guter Worte – von jemandem, der Leute gesund macht – und er krallt sich an dieser letzten Hoffnung fest. Genau dieser Jesus soll auf dem Weg in seine Stadt sein. Er muss sich irgendwie bemerkbar machen. Das ist seine letzte Chance! Als er hört, dass Jesus an ihm vorbeigeht, schreit er: „Jesus Christus, Sohn Gottes, erbarme dich meiner!" Kein wohlformuliertes Gedicht, keine blumigen Worte, keine liturgischen Gesänge. Ein Schrei – und in diesen Schrei legt er alle Wut, alle Enttäuschung, allen Zweifel, alle Verletzungen seines Lebens hinein. Und Jesus hört und heilt ihn.

Gott hört unser Rufen und sieht unser Sehnen und unser Suchen! Augustinus bringt das mit den Worten „Gottes Sehnsucht ist der Mensch" auf den Punkt. So leidenschaftlich dürfen wir Gott bitten, betteln, anflehen. Auch – oder vor allem – wenn uns die richtigen Worte dafür scheinbar fehlen.

Bei den chassidischen Juden erzählt man sich folgende Geschichte: *„Eines Abends spät merkte ein armer Bauer auf dem Heimweg vom Markt, dass er sein Gebetbuch nicht bei sich hatte. Da ging mitten im Wald ein Rad seines Karrens entzwei, und es betrübte ihn, dass dieser Tag vergehen sollte, ohne dass er seine Gebete verrichtet hatte. Also betete er: ,Ich habe etwas sehr Dummes getan, Herr.*

Ich bin heute früh ohne mein Gebetbuch von zu Hause fortgegangen, und mein Gedächtnis ist so schlecht, dass ich kein einziges Gebet auswendig sprechen kann. Deshalb werde ich dies tun: Ich werde fünfmal langsam das ganze ABC aufsagen, und du, der du alle Gebete kennst, kannst die Buchstaben zusammensetzen und daraus die Gebete machen, an die ich mich nicht erinnern kann.' Und der Herr sagte zu seinen Engeln: ‚Von allen Gebeten, die ich heute gehört habe, ist dieses ohne Zweifel das beste, weil es aus einem einfachen und ehrlichen Herzen kam.'[6]

Teresa von Avila schrieb einmal zum Thema Gebet Folgendes: „Beten ist nichts anderes als ein Verweilen bei einem Freund, mit dem wir oft und gern zusammenkommen, um mit ihm zu reden, weil wir sicher sind, dass er uns liebt!"[7]

Finden Sie Ihre Form des Gebets. Entdecken Sie einen Weg, der zu Ihnen passt und der Ihnen guttut. Tun Sie alles – aber kopieren Sie nicht!

Meine Eltern haben uns als Kinder auf die unterschiedlichsten christlichen Veranstaltungen geschickt. Da waren schon sehr interessante und manchmal auch sehr spannende Dinge dabei. Einmal war ich Teilnehmer einer Jugendfreizeit. Die Art und Weise, wie diese Menschen ihren Glauben lebten, war sehr emotional. Manche brachen während den Gottesdiensten in Tränen aus, andere hatten danach ganz erlöste Gesichter. So etwas kannte ich nicht.

Aber ich wollte natürlich auch gerne dazugehören. Für mich war klar: Wenn ich einer von ihnen sein will, dann muss ich auch mal mit Tränen in den Augen nach dem Abendgottesdienst aus dem Saal gehen. Am nächsten Abend war ich perfekt vorbereitet. Ich hatte Taschentücher eingesteckt und rieb mir während der ganzen Veranstaltung die Augen. Ich zwang mich, die Augen offen zu halten, bis sie zu tränen begannen. Als der gewünschte Effekt endlich einsetzte, schnäuzte ich mich demonstrativ laut in mein Taschentuch. Das letzte Lied wurde gesungen. Achtung! Jetzt werde ich es allen zeigen!, dachte ich und bereitete mich schon auf meinen demonstrativen Auszug aus dem Saal vor. Der Abendsegen wurde gesprochen, ich griff nach meiner Bibel und meinen Taschentüchern und machte mich auf den Weg zum Ausgang. Natürlich hatte ich mir auch schon, inspiriert von so viel heiligen Liedern an die Decke guckend, den längsten Weg von meinem Platz bis zur Tür ausgesucht. Ich stand auf, nickte nach dem gemeinsamen „Amen" bekennend wie ein kopfschaukelnder Wackeldackel und beschritt meinen Weg. Tiefe Blicke in die Augen der anderen, die sich dummerweise alle unterhielten. Nur einer bemerkte mich. Der Leiter der Freizeit! Reiß dich zusammen, Junge!, ermahnte ich mich selbst, das ist die Königsdisziplin! Wenn du den von deinem spirituellen Erlebnis der dritten Art überzeugst, dann hast du alle! Ich ging auf ihn zu und sagte nichts.

Meine roten Augen, die Bibel, die Taschentücher mussten einfach für sich selbst sprechen.

Mit wenigen Worten zerstörte dieser geistliche Platzhirsch meinen großen Auftritt: „Du hast ja ganz rote Augen! Du bist sicher müde, oder? Jetzt geh mal lieber ganz schnell ins Bett!"

Meine Güte! War das ein Misserfolg. Es hat Jahre gedauert, bis ich letztlich meinen ganz eigenen Weg gefunden habe. Wie der aussieht, verrate ich Ihnen hier nicht! Sie müssen schon selbst Ihren eigenen Weg suchen und finden.

Beten Sie? Nein? Warum eigentlich nicht? Weil Sie dabei kein so schönes Gefühl haben, wie es andere immer berichten? Weil andere Menschen schönere Worte finden?

Vielleicht probieren Sie es mal mit dem Alphabet und einem offenen Herzen ...

Dein eignes Lied

Schreib dein eignes Lied.
Beende selber jede Zeile.
Sing es dir vor – und hab es lieb,
dann ist dein Lied niemals langweilig.

Mag es noch so komisch sein,
lad alle Freunde ein.
Mach deine Werke öffentlich
und genier dich dafür nicht.

Mal dein eignes Bild.
Finde deinen eignen Pinselstrich.
Stell es auf – steh selber drauf.
Dann ist dein Bild wertvoll – für dich.

Und du wirst sehn, es geht,
wenn man zu sich steht,
wenn man auf sich hört,
weiter.

Du wirst sehn, es geht,
wenn der Wind dann weht,
dein Segel hoch am Himmel steht,
viel weiter – mit deinem eignen Lied.

Summ die Melodie,
die nur dein eignes Herz erfinden kann.
Hör gut zu – sonst hörst du nie
die Symphonie, die nur du hören kannst.
Werd ganz leise, still,
find dein eignes Ziel.
Hoffnung ist jetzt relevant.
Sei dein Freund – nicht nur bekannt.

Lauf, denn du bist frei!
Du hast Flügel, und jetzt flieg, so weit du kannst.
Gib nicht auf, bleib dabei!
Ich bin sicher, dass dein Herz bald wieder tanzt.

Du bist wunderbar gemacht,
wunderbar ausgedacht.
Du hast so viel zu geben.

Also lass dich nicht in Ruh.
Die Zeit läuft, schau nicht zu.
Es ist nie zu spät zum Leben.

Text und Melodie: Andi Weiss, CD: „liebenswürdig",
© Gerth Medien Musikverlag, Asslar

Gute Reise!

Reisen Sie gerne? Dann gefällt Ihnen mein Lieblingspsalm bestimmt genauso gut wie mir. Es ist der Psalm 121:

„Ich hebe meine Augen auf zu den Bergen. Woher kommt mir Hilfe? Meine Hilfe kommt vom Herrn, der Himmel und Erde gemacht hat. Er wird deinen Fuß nicht gleiten lassen, und der dich behütet, schläft nicht. Siehe, der Hüter Israels schläft und schlummert nicht. Der Herr behütet dich; der Herr ist dein Schatten über deiner rechten Hand, dass dich des Tages die Sonne nicht steche noch der Mond des Nachts. Der Herr behüte dich vor allem Übel, er behüte deine Seele. Der Herr behüte deinen Ausgang und Eingang von nun an bis in Ewigkeit!"

Dieser Psalm ist ein Wallfahrtspsalm, also ein Reisepsalm. Ich lade Sie ein, mit auf eine kleine Glaubensreise zu kommen. Die meisten Psalmen, die wir kennen, sind Gebete, also Gespräche zwischen einem Menschen und Gott. Der Psalm 121 ist ein Gespräch zwischen zwei Menschen. Da wünscht der eine dem anderen für seine Reise Gottes Nähe und seinen Segen. Zu Beginn heißt es: „Ich hebe meine Augen auf zu den Bergen. Woher kommt mir Hilfe?"

Diese Worte waren die Worte der Wallfahrer, die nach dem Besuch des Tempels in Jerusalem am Stadttor standen, den Blick in die Heimat gerichtet, die Berge um Jerusalem vor Augen. In ihrem Herzen hatten sie die Gewissheit: Mein Lebensalltag, auch mein Glaubensalltag, findet nicht im Tempel, nicht in der Kirche statt. Nach der geistlichen Stärkung im Tempel gilt es nun, zurück in den Lebensalltag zu gehen. Dort findet der (Glaubens-)Alltag statt. Das machte sie auf der einen Seite hoffnungsvoll, auf der anderen Seite waren da aber auch so manche Bedrohungen.

Die Ungewissheit lässt die Menschen unsicher werden. Das macht Angst. Auf dem Weg zurück lauern Gefahren! Damals wie heute – auch wenn die wilden Tiere auf dem Weg zwischen Kirche und dem Zuhause deutlich seltener geworden sind. Die Probleme haben sich vielleicht geändert, die Angst der Menschen vor den Problemen nicht. Da kommt die Frage auf: „Woher kommt mir Hilfe? Wem kann ich mich anbefehlen?"

Als Christen befehlen wir Gott unser Leben in der Taufe an. Wir bitten Gott um seinen Schutz und um seine lebenslange Begleitung. Martin Luther schreibt in seinem Kleinen Katechismus: *„Ich glaube, dass ich nicht aus eigener Vernunft noch Kraft an Jesus Christus, meinen Herrn, glauben oder zu ihm kommen kann; sondern der Heilige Geist hat mich durch das Evangelium berufen, mit seinen Gaben erleuchtet, im rechten Glauben geheiligt und erhalten; gleichwie er die ganze Christenheit auf Erden beruft, sammelt, erleuchtet, heiligt und bei Jesus Christus erhält im rechten, einigen Glauben; in welcher Christenheit er mir und allen Gläubigen täglich alle Sünden reichlich vergibt und am Jüngsten Tage mich und alle Toten auferwecken wird und mir samt allen Gläubigen in Christus ein ewiges Leben geben wird. Das ist gewisslich wahr."*

Wir dürfen immer wieder zu Gott kommen – mit allen unseren Stärken und Schwächen – mit unserem Glauben und unseren Zweifeln. Wir dürfen uns Gott immer wieder anbefehlen. Manchmal ist das ein starkes: „Gott, dir befehle ich mich an!", manchmal ein zögerndes: „Gott, du hilfst doch, oder?"

Ich habe in einer alten Taufliturgie aus Siebenbürgen ein besonderes Ritual gefunden, das in einfachen Worten unseren Glauben beschreibt. Da wird der Säugling dreimal mit folgenden Worten mit einem Kreuz gezeichnet: „Nimm hin das Zeichen des Heiligen Kreuzes an deiner Stirn, damit du Jesus Christus erkennst. Nimm hin das Zeichen des Heiligen Kreuzes an deinem Mund, damit du Jesus Christus bekennst. Nimm hin das Zeichen des

Heiligen Kreuzes an deinem Herzen, damit Jesus Christus in deinem Herzen wohnt und du dir den Glauben an ihn bewahrst."

Diese drei gezeichneten Kreuze symbolisieren uns in ganz einfacher Weise unseren Glauben: Zuerst geht es um das „Erkennen". Kennen Sie Berge in Ihrem Leben? Ich meine nicht die bayerischen Alpen, die man bei uns heute so gut sehen kann (bei uns ist gerade mal wieder Föhn). Ich meine die Berge, die uns Sorgen bereiten, sich hoch über uns auftürmen und uns die Lust am Leben nehmen. Vielleicht sind es die Papierberge auf Ihrem Schreibtisch? Eine ganze Woche haben Sie sich engagiert Ihrer To-do-Liste gewidmet, Aufträge abgearbeitet und sogar die Mittagspausen durchgeackert. Aber am Ende der Woche scheinen die Arbeitsberge noch genauso hoch wie zu Beginn. Oder sind es bei Ihnen die Berge des Selbstzweifels? Auf der einen Seite steht die Aufgabe, auf der anderen die Berge der Festlegung durch andere Menschen: „Das kannst du doch sowieso nicht! Dafür bist du viel zu jung . . ., fehlt dir die richtige Ausbildung . . ., bist du zu dumm usw." Oder sind es die Berge, die sich zwischen zwei Menschen schieben? Zwischen Ehepartner, zwischen Eltern und Kinder, zwischen Freunde oder Arbeitskollegen. Man hat aufgehört, miteinander zu reden, und irgendwann konnte man nicht mehr miteinander reden.

Was sind die Berge in Ihrem Leben? Wie gehen Sie damit um? Menschen kennen schon immer Berge in ihrem Leben. Berge, die Angst und Kummer machen auf ihrer Reise durch das Leben, auf ihrer Glaubensreise. Ich darf mich Gott anbefehlen. Wir befehlen Menschen in der Taufe Gott an, weil wir wissen, dass wir Gottes Hilfe brauchen. Woher kommt meine Hilfe? Meine Hilfe kommt vom Herrn.

Zum „Erkennen" kommt dann das „Bekennen". Es gibt ganz unterschiedliche Formen, wie Menschen ihren Glauben bekennen. Laut und leise, mehr oder weniger echt, mit viel und wenig Leidenschaft, nachvollziehbar und manchmal ... ach, lesen Sie selbst die Geschichte, die mir neulich in die Hände fiel:

Hupe, wenn du Jesus liebst!

Neulich fand ich an einem Büchertisch einen Autoaufkleber, auf dem stand: „Hupe, wenn du Jesus liebst." Ich war gut aufgelegt, und weil ich gerade von einem wunderbaren Gottesdienst kam, kaufte ich mir den Sticker und klebte ihn auch gleich auf meinen Wagen.

Mann, bin ich froh, dass ich das gemacht habe! Die nachfolgende Begebenheit gehört zur erhebensten und schönsten geistlichen Erfahrung meines Glaubenslebens. Ich musste an einer roten Ampel stehen bleiben, und während ich gerade über den Herrn und seine Güte sinnierte, wurde die Ampel grün, ohne dass ich es bemerkte. Da war es gut, dass auch jemand anderes Jesus liebte, denn hätte der nicht gehupt, wäre mir das wohl nie aufgefallen.

Mir fiel auf, dass VIELE Menschen Jesus lieben! Während ich da so stand, fing der Typ hinter mir wie wild zu hupen an, und er lehnte sich aus dem Fenster seines Wagens und schrie: „Bei Gott, vorwärts! Vorwärts!"

Wie überschwänglich dieser Mann Jesus doch liebte! Alle fingen zu hupen an, und ich lehnte mich ebenso aus dem Fenster und winkte und lächelte diesen vielen Gläubigen zu. Ich hupte sogar mehrmals, um an ihrer Liebe teilzuhaben.

Ich sah einen anderen Mann, der mir mit dem ausgestreckten Mittelfinger zuwinkte. Ich fragte meinen Enkel auf dem Rücksitz, was denn das zu bedeuten habe, und er meinte, es wäre wahrscheinlich ein hawaiianischer Segensgruß oder so. Nun, ich habe noch nie jemanden aus Hawaii getroffen, also gab ich ihm fröhlich diesen Gruß zurück ... Mein Enkel brach in Gelächter aus, offensichtlich genoss auch er diese religiöse Erfahrung.

Einige Leute waren so gefangen in der Freude des Augenblicks, dass sie aus ihren Wagen stiegen und zu mir kamen. Ich wette, sie wollten wissen, welche Gemeinde ich besuche, oder sie wollten einfach nur mit mir beten, aber da bemerkte ich die grüne

Ampel. Ich winkte also noch einmal lächelnd meinen Brüdern und Schwestern zu und fuhr weiter.

Mir fiel noch auf, dass ich der einzige Wagen war, der es über die Kreuzung schaffte, bevor es wieder rot wurde. Ich war ein wenig traurig, dass ich diese Leute nach all der Gottesliebe, die wir miteinander genossen hatten, verlassen musste, also wurde ich langsamer, lehnte mich noch einmal aus dem Wagen und winkte ihnen ein letztes Mal den hawaiianischen Segensgruß zu, während ich davonfuhr.

Lobe den Herren für solch wunderbare Menschen![8]

Auch wenn es schon sonderbare Formen des „Bekennens" gibt, gehört unmittelbar zum Erkennen das Bekennen. Das Bekenntnis führt mich in die „Gemeinschaft der Gläubigen" und verbindet mich mit anderen Christen weltweit. Mich bewegt es immer wieder, wenn wir uns im Gottesdienst am Sonntagmorgen mit vielen Christen auf der ganzen Welt „eins" machen und das Glaubensbekenntnis sprechen. Ein Bekenntnis verbindet.

Aber da ist noch viel mehr: Neulich waren wir bei Freunden zum Abendessen eingeladen. Die sehr eifrige Tochter sprang um uns herum. Als der Vater sie bat, Getränke aus dem Keller zu holen, wurde sie etwas zögerlich, stapfte aber dann doch los und ging in den Keller. Je tiefer sie in den Keller ging, desto lauter trällerte sie irgendwelche Lieder. Von „Ja, Gott hat alle Kinder lieb" über „Hey, Pippi Langstrumpf" bis zum Lied der Schlümpfe war alles dabei.

Da sagte ich zu ihrem Vater: „Ihr habt aber eine musikalische Tochter!"

Darauf sagte er: „Nein, nein! Die hat nur Angst!"

Ein Bekenntnis vereint mich nicht nur mit anderen Menschen. Ein Bekenntnis hilft mir auch, mich immer wieder meiner Gewissheit zu versichern. Woher kommt meine Hilfe? Meine Hilfe kommt vom Herrn! Wer gibt mir Kraft? Gott gibt mir die nötige Kraft.

In Psalm 121,7–8 heißt es: „Der Herr behüte dich vor allem Übel, er behüte deine Seele. Der Herr behüte deinen Ausgang und Eingang von nun an bis in Ewigkeit!" Diese Worte können sehr leicht missverstanden werden und zu Enttäuschungen führen. Was wünscht denn hier der eine Mensch dem anderen? „Der Herr behüte dich vor allem Übel?" Gerade ältere Menschen werden uns wohl Brief und Siegel darauf geben können, dass auch das Leben als Christ mit Übel und Schwierigkeiten geplagt sein kann. Aber was bedeutet es denn dann, „behütet" zu sein? Da kommt ein Kind aus einem „behüteten" Elternhaus, sagen wir, und meinen Kinder, die bei verwandtschaftlichen Antrittsbesuchen Männchen machen, Pfote geben und alle Bundesländer und ihre Hauptstädte aufsagen können. Meint das der Psalm mit dem Wunsch „Der Herr behüte dich"?

Es heißt weiter: „Er behüte deine Seele!" Martin Luther sagt in seiner Auslegung zu diesem Psalm: „Ob du ruhst oder tust, so ist der Herr gegenwärtig. Zu keiner Zeit also, an keinem Ort, vor keiner Person und keinem Dienst sollst du erschrecken und sorgen. Das heißt, den Sinn des ganzen Psalms in universaler Kürze zusammengezogen, als wollte er sagen: Ich bin der Schöpfer (des) Himmels und der Erde und darum auch der Hüter deines Leibes und deiner Seele Tag und Nacht und Vertreiber alles Unglücks. Das heißt den Glauben lehren, der nicht als eine kalte Qualität in der Seele liegt ..."[9]

Der Glaube ist keine „kalte Qualität" in unserer Seele. Ein schönes Bild, wie ich finde. Da „rührt sich was!", sagt man, um Lebendigkeit zu beschreiben. Keine starren Gesetze und vorgefertigten Lebensziele, sondern die individuelle Begleitung des Einzelnen. Keine oberflächlichen Beurteilungen, sondern der tiefe Blick ins Eigentliche.

Dietrich Bonhoeffer schrieb aus dem Gefängnis an seine Verlobte kurz vor Weihnachten 1944: „Du darfst also nicht denken, ich sei unglücklich. Was heißt denn glücklich und unglücklich? Es hängt ja so wenig von den Umständen ab, sondern eigentlich nur von dem, was im Menschen vorgeht."

Sorgen Sie sich um Ihre Seele? Ich meine, kümmern Sie sich um Ihr Innenleben? Der Psalm lädt uns ein, das Leben auszukosten, loszuziehen und unsere Umwelt zu entdecken. Wer den Sprung ins

Leben wagt, wird feststellen, dass das „Leben zu leben" auch seinen Preis hat. Da werden sich am Ende unserer Lebensreise viele schöne Stunden, aber auch so manche dunklen Täler angesammelt haben. Erfolge wie Niederlagen. Tränen der Freude und der Trauer. Lach- und Sorgenfalten. Das Leben ist bunt, und derjenige wird es leben und lieben lernen, der sich mit ganzer Leidenschaft hineingibt. Auch auf die Gefahr hin, dass sich manche Entscheidung im Rückblick als falsch herausstellt.

Am Schluss heißt es aber dann: „Der Herr behütet deinen Eingang und Ausgang." Menschen sind sich meistens bewusst, dass ihr Leben einen Anfang und ein Ende hat. Aber da ist noch mehr: Christen sind sich bewusst, dass ihr Anfang und ihr Ende behütet und getragen sind.

Besuch im Altenheim

Manchmal muss man gar nicht „in die Ferne schweifen", wenn die interessanten Begegnungen doch eigentlich so nah vor der eigenen Haustüre lauern.

Einmal im Jahr besuchen wir mit unseren Konfirmanden Menschen im Altenheim. Eine Konfirmandenstunde zuvor backen wir Plätzchen, und mit diesen selbst geschaffenen Köstlichkeiten und einem Packen Advents- und Weihnachtsliedern bewaffnet, machen wir uns dann auf den Weg zu den alten Menschen. Den Konfirmanden gefällt das immer sehr gut. Was die Bewohner von unseren selbst geschaffenen Köstlichkeiten halten, weiß ich nicht so genau. Ich habe da so eine Vermutung, was mit den Plätzchen passiert, wenn wir nicht mehr da sind. Aber über so eine vage Vermutung würde ich mir nie in einem Buch Gedanken machen ...

Auch im letzten Advent haben wir wieder gebacken, Lieder geprobt und sind dann von Station zu Station gezogen. Eine Dame sprang mir (natürlich nur sprichwörtlich) ins Auge. Sie sang alle Lieder auswendig mit. Wirklich alle! Sie wissen, wenn der Liederdichter Paul Gerhardt Dichterlust bekommt, dann geht es ab Vers 10 erst so richtig los.

Als wir mit unseren Liedvorträgen fertig waren und die Plätzchen verteilt hatten, mischten wir uns unter die Leute. Ich setzte mich zu der alten sangesfreudigen Dame und wir kamen ins Gespräch. Es gab viel zu besprechen. Wir sprachen über das Wetter und den Krieg (da hatte sie jetzt etwas mehr zu erzählen). Sie wollte einiges von mir wissen – und ich natürlich auch einiges von ihr. Fasziniert sprach ich sie auf die alten Kirchenlieder an, die sie alle auswendig mitgesungen hatte.

„Früher", sagte sie, „früher mussten wir diese ganzen Lieder im Konfirmandenunterricht auswendig lernen!" Das begeisterte mich. Heute fällt das meinen Konfirmanden schon schwerer. Da wird das Vaterunser auswendig gelernt und vielleicht fünf der Zehn Gebote – ab dann wird gestreikt. Das sagte ich der Frau. „Gut, das hat uns als junge Mädchen auch nicht immer nur Freude bereitet!", antwortete sie. „Aber" – und dann sagte sie etwas sehr Bewegendes – „heute sehe ich nicht mehr so gut, und immer, wenn ich Angst vor dem Morgen habe, dann krame ich in meinem Herzen und singe ein Lied. Das gibt mir wieder neue Hoffnung und Kraft für den neuen Tag!"

Immer wenn sie Angst hat

Sie ist schon lang nicht mehr die Jüngste.
Sie ist schon länger unterwegs.
Ihr Leben lebt von ihren Wünschen
und ihrer Sehnsucht, die sie trägt.

Sie hat den Willen einer Löwin,
die gern verteidigt, was sie liebt.
Niemand kann sie davon lösen –
denn man bleibt blind,
blind, solang man sieht.

Immer wenn sie Angst hat,
dann singt sie ihre Lieder.
Immer wenn sie traurig wird,
dann flüchtet sie ins Licht.
Denn sie weiß, die dunklen
Tage kommen wieder.
Doch wenn sie singt,
dann fürchtet sie sich nicht.

Sie kennt jedes Lied auswendig.
Jeder Vers ist ihr vertraut.
Jedes Wort wird ihr lebendig,
wenn sie besingt, an was sie glaubt.

Sie schätzt das Alte – will bewahren
und schöpft so Kraft für neue Zeit.
Erahnt ein Stück von der Erfahrung,
die Menschen still nach vorne treibt.

Sie kennt nur diese Rettungsinsel,
nur diesen Weg, der sie heilt.
Und so verändert sich ihr Leben,
wenn sie in ihrem Lied verweilt.

Text und Melodie: Andi Weiss, CD: „liebenswürdig",
© Gerth Medien Musikverlag, Asslar

Keine Angst, keine Angst, Rosmarie!

„Das kann doch einen Seemann nicht erschüttern ... keine Angst, keine Angst, Rosmarie. Wir lassen uns das Leben nicht erbittern. Und wenn die ganze Erde bebt und die Welt sich aus den Angeln hebt ... keine Angst, keine Angst, Rosmarie." Kennen Sie dieses Lied? Als Heinz Rühmann es gesungen hat, war ich noch gar nicht auf der Welt.

Haben Sie eigentlich Angst? Vor was? Liegt es daran, dass wir alle so wenig wissen, wo es in unserem Leben hingehen wird? Dann geht es Ihnen vielleicht wie dem Mann, der hilflos in München am Marienplatz steht.

Verwirrt schaut er sich um. Auf seinem T-Shirt kann man die Buchstaben „M.b.i.f" lesen. Eine Frau kommt auf ihn zu und fragt: „Was bedeuten denn die Buchstaben ‚M.b.i.f' auf Ihrem T-Shirt?"

Daraufhin sagt der Mann: „Ach, wissen Sie, das heißt: ‚Mensch, bin ich verwirrt!'"

Daraufhin sagt die Frau: „Das sehe ich! Aber ‚verwirrt' schreibt man doch nicht mit ‚f' sondern mit ‚v'".

Der Mann antwortet daraufhin nur: „Dann sehen Sie mal, wie verwirrt ich bin!"

In der Bibel lesen wir einmal, wie Jesus die Menschen um sich herum wahrnimmt. Es geht ihm sprichwörtlich an die Nieren. Wir lesen: „Es jammerte ihn, denn sie waren wie Schafe, die keinen Hirten haben!" Wenn ich mir heute die Sorgen unserer Gesellschaft anschaue, dann verstehe ich Jesus. Wie viele Menschen gibt es ohne Ziel? Menschen ohne Orientierung, auf der Suche nach dem Sinn des Lebens; nach Anerkennung, nach Ansprache, nach Gewissheit – auch nach Glaubensgewissheit. Nach jemandem, der sie bei der Hand nimmt und ihnen den richtigen Weg zeigt. Ja, ich glaube, das kann einem an die Nieren gehen und Angst machen. Das kann einem das Herz zerbrechen. Das kann schon fast wehtun. Und diese Probleme haben ja nicht nur immer die anderen. Auch ich selbst kenne Zweifel in meinem eigenen Glaubensleben, wie jeder, der ehrlich zu sich selbst ist.

Es gibt Zeiten, da kennt unser Herz auch nur einen Ausspruch: „Mensch, bin ich verwirrt!" – Was ist denn richtig? Wo geht es denn lang im Leben? Welche Entscheidung ist die richtige? Wer kann mir denn da nur helfen?

Jesus Christus sagt über sich: „Ich bin das A und das O, der Erste und der Letzte, der Anfang und das Ende!" (Offenbarung 22,13). Das erinnert mich an meine Zeit im Kindergarten. Ich weiß nicht, ob das bei Ihnen auch so war, aber in dem Kindergarten, in den ich als Kind gegangen bin, gab es bei Ausflügen folgende goldene Regel: Ganz vorne geht als Erstes ein Erwachsener und ganz hinten geht auch nur ein Erwachsener. Und das hatte auch seinen ganz bestimmten Grund. Sowohl der Erste als auch der Letzte tragen jeweils eine ganz bestimmte Verantwortung. Der Erste gibt die Richtung vor, er bestimmt das Tempo, gibt die Orientierung und sagt, wo es langgeht. Der Letzte ist das Schlusslicht, er ist der Lumpensammler. Der Letzte ist der, der für die „Zurückgebliebenen" Verantwortung übernimmt. Wenn Hannes aufs Klo muss, Cordula offene Schuhbänder hat und Jessica lautstark ihren Sitzstreik androht, weil ihr die Wanderlust vergangen ist, dann ist der Letzte zur Stelle und passt sich dem Tempo der Schwachen an.

Gott übernimmt beide Aufgaben zugleich! Er ist „der Erste" und „der Letzte"! Der, der ist, der war und der kommt! Der Anspruch und der Zuspruch für unser Leben zugleich. Er ist der Erste! Der, der die Verantwortung für die Orientierung übernimmt, der dem Menschen durch die Gebote eine Rahmenordnung vorgibt, der sagt, wo es langgeht, wie er sich den Menschen vorgestellt hat, der Pläne macht. Und er ist der Letzte! Der Gott, der gleichzeitig Lumpensammler ist. Der sich dem Tempo der Schwachen anpasst. Der Gott, der sich für die Schwachen interessiert! So ängstlich wir auch sind, so verwirrt wir auch sein mögen. Gott setzt uns einen schützenden Anfang und ein behütetes Ende.

In mein Büro kommen viele Menschen. Sie kommen mit ihren Fragen, ihren Sorgen und auch mit ihren Ängsten. Wir sprechen über den Glauben und über die Zweifel, wir suchen gemeinsam nach Antworten. Neulich fragte mich eine alte Frau: „Wie kann ich sicher sein, dass ich in den Himmel komme? Ich habe Angst, dass Gott mich da nicht hineinlässt!"

Wir haben uns lange unterhalten. Haben miteinander um Antworten gerungen. Keine der Antworten, die wir gefunden haben, konnte die Frau wirklich beruhigen. Am Schluss haben wir beide einen Text von Martin Luther gefunden, der selbst lange eine Antwort auf diese Frage gesucht hat. Er schreibt: *„Mir ist es bisher wegen angeborener Bosheit und Schwachheit unmöglich gewesen, den Forderungen Gottes zu genügen. Wenn ich nicht glauben darf, dass Gott mir um Christi willen dies täglich beweinte Zurückbleiben vergebe, so ist es aus mit mir! Ich muss verzweifeln. Aber das lass ich bleiben. Wie Judas an den Baum mich hängen, das tue ich nicht. Ich hänge mich an den Hals oder Fuß Christi wie die Sünderin. Ob ich auch noch schlechter bin als diese, ich halte an meinem Herrn fest. Dann spricht er zum Vater: Dieses Anhängsel muss auch durch. Es hat zwar nichts gehalten und alle deine Gebote übertreten, Vater, aber er hängt* *sich an mich. Was will's! Ich starb auch für ihn. Lass ihn durchschlupfen. Das soll mein Glaube sein!"*

Dieser Text hat der Frau die Angst genommen, und mir auch ...

Wo ist Andi Weiss in zehn Jahren?

Man kann vor so vielem Angst haben. Neulich fragte mich ein Reporter: „Herr Weiss, Sie haben wohl vor gar nichts Angst. Sie machen so einen unternehmungsfreudigen, lebenslustigen Eindruck. Wenn man in Ihre Biografie blickt, sieht man, was Sie alles in Ihrem jungen Alter erreicht haben! Wo ist denn Andi Weiss in zehn Jahren?"

Ich freue mich, wenn in einem Interview diese Frage kommt (und sie kommt nicht selten), denn dann kann ich endlich von meinen Ängsten erzählen. Denn vor zehn Jahren hat mich diese Frage wirklich sehr beschäftigt. Sie hat mir regelrecht Angst gemacht. Angst vor der Zukunft. Während meiner Ausbildung zum Diakon war ich nebenbei Moderator im Radio oder auf Veranstaltungen, habe ein Praktikum bei RTL gemacht usw. Mich hat die Medienwelt schon immer fasziniert. Es kamen gute Angebote, die mich wirklich gereizt haben. Irgendwann ging es auf das Ausbildungsende zu und ich musste mich entscheiden: Gemeinde oder

Medienwelt. Das hat mich so manch schlaflose Nacht gekostet. Mein Spruch war damals immer: „Ich möchte nicht mit 80 Jahren im Schaukelstuhl sitzen und sagen: Ach, hätte ich doch usw."

Ich habe mich letztendlich dann doch für das Gemeindeleben entschieden und seitdem trotzdem viel Fernsehen gemacht. Aber jetzt weiß ich, wieso. Konstantin Wecker singt einmal: „Ich singe, weil ich ein Lied hab." Ich glaube, ich habe diese Zeit gebraucht. Früher wollte ich unbedingt vor die Kamera – egal, was ich zu sagen hatte. Heute habe ich unbedingt etwas zu sagen – egal, ob das vor wenigen Menschen oder vor der Kamera ist. Was für mich heute zählt, ist der Einzelne mit seinem Leben. Ich möchte Geschichten erzählen von Menschen, denen es genauso geht wie mir. Ich möchte zweifelnde Fragen für andere stellen und Ängste benennen – die sicher nicht nur ich habe.

Ich bin oft im Gespräch mit Menschen, die mir von den gleichen Zukunftssorgen erzählen, die ich aus meiner Vergangenheit auch so gut kenne. Ich versuche dann immer, ihnen meine Geschichte und meine Entwicklung zu erzählen. Aber diese Erkenntnis kann man sich nicht theoretisch aneignen. Sie muss, nein, sie darf wachsen. Dazu braucht es Geduld – die ich eigentlich nicht habe.

Neulich fragte mich jemand, was ich anders machen würde, wenn ich die Zeit zurückdrehen und etwas an meinem bisherigen Leben verändern könnte. Ehrlich gesagt, mache ich mir darüber keine Gedanken mehr. Ich freue mich, dass ich mein Leben in die kreative Hand Gottes legen kann. Das heißt nicht, dass ich deswegen faul werde. Das heißt auch nicht, dass ich Gott oder andere Menschen dafür verantwortlich mache, wenn etwas in meinem Leben nicht erfolgreich läuft. Aber ich brauche mich nicht immerzu mit Sorgen zu quälen, wenn mein Leben nicht in den geregelten Bahnen verläuft, die ich mir wünschen würde.

Im Talmud wird eine Geschichte von einem Portier im Freudenhaus erzählt, der das auf ganz eigene Art und Weise erleben durfte:

Der Portier im Freudenhaus

Im gesamten Dorf gab es keinen Beruf, der schlechter bezahlt und angesehen war als der des Freudenhausportiers. Aber was hätte dieser Mann denn sonst tun sollen?

Fakt war, dass er nie schreiben oder lesen gelernt und auch nie eine andere Tätigkeit oder einen anderen Beruf ausgeübt hatte. Er war zu dem Posten gekommen, weil auch schon sein Vater Portier dieses Freudenhauses gewesen war und vor ihm dessen Vater.

Jahrzehntelang war das Freudenhaus von den Händen der Väter in die Hände der Söhne übergegangen und so auch der Posten des Portiers. Eines Tages starb der alte Freudenhausbesitzer, und ein ehrgeiziger, kreativer junger Mann mit Unternehmergeist wurde zum neuen Geschäftsführer ernannt. Der Junge hatte vor, den Laden zu modernisieren.

Er renovierte die Zimmer und bestellte anschließend die Belegschaft zu sich, um sie neu einzuweisen.

Dem Portier sagte er: „Ab heute werden Sie neben Ihrer Arbeit an der Tür jede Woche einen Bericht für mich schreiben. Darin notieren Sie die Anzahl der Paare, die uns Tag für Tag besuchen. Jedes fünfte Pärchen fragen Sie, wie es mit seiner Bewirtung zufrieden war und ob es Vorschläge zur Verbesserung hat. Einmal pro Woche legen Sie mir diesen Bericht mit Ihrer Auswertung vor."

Der Portier zitterte. Noch niemals hatte es ihm an Arbeitswillen gemangelt, jedoch ... „So gern ich Ihnen diesen Wunsch auch erfüllen würde", stammelte er, „aber ich ... ich kann weder lesen noch schreiben."

„Oh, das ist bedauerlich. Sie werden verstehen, dass ich mir allein für diese Tätigkeit keinen zusätzlichen Angestellten leisten kann, und genauso wenig kann ich von Ihnen verlangen, dass Sie schreiben lernen, daher ..."

„Aber, Herr Geschäftsführer, Sie können mich nicht einfach auf die Straße setzen. Ich habe mein ganzes Leben lang hier gearbeitet, genau wie vor mir mein Vater und mein Großvater ..." Der Geschäftsführer ließ ihn gar nicht ausreden. „Ich verstehe Sie ja, aber ich kann leider nichts für Sie tun. Natürlich bekommen Sie eine Abfindung, das heißt eine Summe, die Ihnen hilft, über die Runden zu kommen, bis Sie eine neue Stelle gefunden haben. Es tut mir sehr leid. Ich wünsche Ihnen alles Gute."

Und ohne ein weiteres Wort kehrte er ihm den Rücken zu und ging.

Für den Mann brach eine Welt zusammen. Nie hätte er sich träumen lassen, je in eine solche Situation zu geraten. Er kam nach Hause und war das erste Mal in seinem Leben arbeitslos. Was sollte er tun?

Er erinnerte sich daran, wie er manchmal im Freudenhaus, wenn ein Bett kaputtgegangen war oder der Fuß an einem Schrank wackelte, sich der Sache angenommen und sie provisorisch und schnell mit Hammer und Nagel repariert hatte: Das könnte eine vorübergehende Beschäftigung für ihn sein, bis ihm jemand eine neue Stelle anbot.

Im ganzen Haus suchte er nach geeignetem Werkzeug, fand aber nur ein paar rostige Nägel und eine schartige Zange. Er musste einen kompletten Werkzeugkasten anschaffen, und dafür würde er einen Teil seiner Abfindung einsetzen. Kurz vor der Haustür fiel ihm ein, dass es in seinem Dorf gar keine Eisenwarenhandlung gab und dass er einen zweitägigen Ritt auf seinem Maultier auf sich nehmen musste, um in das Dorf zu gelangen, in dem er seine Einkäufe tätigen konnte. *Was hilft's?*, dachte er und machte sich auf den Weg.

Bei seiner Rückkehr trug er einen wunderbar sortierten Werkzeugkasten bei sich. Er hatte sich die Stiefel noch nicht ausgezogen, da klingelte es an seiner Haustür: Es war sein Nachbar.

„Ich wollte fragen, ob Sie nicht einen Hammer hätten, den Sie mir eventuell leihen könnten."

„Nun, ich habe mir gerade einen gekauft, aber den brauch ich selbst, damit ich arbeiten kann, ich habe nämlich meine Stelle verloren."

„Ich verstehe, aber ich würde ihn gleich morgen früh zurückbringen."

„Also gut."

Am nächsten Morgen klingelte der Nachbar wie versprochen an der Tür.

„Hören Sie, ich bräuchte den Hammer noch. Könnten Sie ihn mir nicht verkaufen?"

„Nein, ich brauche ihn selbst, für meine Arbeit, und außerdem ist die nächste Eisenwarenhandlung zwei Tagesreisen mit dem Maultier entfernt."

„Vielleicht kommen wir ins Geschäft", sagte der Nachbar. „Ich zahle Ihnen die zwei Tage An- und Abreise plus den Preis für den Hammer. Sie sind doch arbeitslos und haben die nötige Zeit. Was halten Sie davon?"

Er machte sich klar, dass das vier Tage Beschäftigung bedeutete – und nahm den Auftrag an. Bei seiner Rückkehr wartete ein anderer Nachbar vor seiner Tür.

„Hallo, Herr Nachbar, Sie haben doch unserem Freund einen Hammer geliehen."

„Ja ..."

„Ich brauche ein paar Werkzeuge. Ich bin bereit, Ihnen vier Tagesreisen und eine kleine Gewinnspanne für jedes einzelne Stück zu zahlen. Denn es liegt ja auf der Hand, dass nicht jeder von uns vier Tage Zeit zum Einkaufen hat."

Der ehemalige Portier öffnete seinen Werkzeugkasten, und sein Nachbar suchte sich eine Schraubzwinge, einen Schraubenzieher, einen Hammer und einen Meißel heraus. Er zahlte und ging.

„Nicht jeder von uns hat vier Tage Zeit zum Einkaufen", die Worte klangen ihm noch im Ohr. Wenn das so war, könnte es noch viele andere Menschen geben, denen daran gelegen war, dass er sich auf die Reise machte, um Werkzeug einzukaufen.

Bei seiner nächsten Reise beschloss er, einen Teil seiner Abfindungssumme zu investieren und noch mehr Werkzeug zu erwerben, als er bereits verkauft hatte. So könnte er Reisezeit einsparen. Es sprach sich bald im Viertel herum, und immer mehr Nachbarn beschlossen, nicht mehr selbst zum Einkaufen ins Nachbardorf zu gehen.

Einmal pro Woche machte sich der frischgebackene Werkzeugverkäufer auf die Reise, um Einkäufe für seine Kunden zu erledigen. Dann wurde ihm klar, dass er, wenn er einen Raum fände, in dem er seine Werkzeuge lagern könnte, noch mehr Reisen einsparen und so noch mehr Geld verdienen würde. Also mietete er einen Laden an.

Er vergrößerte den Geschäftseingang, und ein paar Wochen später fügte er einen Lagerraum hinzu. Auf diese Weise wurde der Laden die erste Eisenwarenhandlung im Dorf.

Alle waren zufrieden und kauften bei ihm ein. Jetzt brauchte er nicht mehr zu reisen: Die Eisenwarenhandlung im Nachbardorf lieferte seine Bestellungen an, denn er war ein guter Geschäftspartner.

Mit der Zeit beschlossen alle Kunden in den umliegenden kleinen Dörfern, ihre Eisenwaren bei ihm zu kaufen und somit die zwei Tagesreisen einzusparen.

Irgendwann hatte er die Idee, dass sein Freund, der Schmied, ihm die Hammerköpfe anfertigen könnte. Und dann, warum nicht?, auch die Zangen, Zwingen und Meißel. Später kamen noch Schrauben und Nägel hinzu.

Um die Geschichte abzukürzen: Innerhalb von zehn Jahren hatte es dieser Mann durch Aufrichtigkeit und Fleiß zum millionenschweren Eisenwarenproduzenten gebracht und war zum einflussreichsten Unternehmer der Region geworden.

So einflussreich war er, dass er eines Tages zu Beginn des Schuljahres beschloss, seinem Dorf eine Schule zu stiften: Neben Lesen und Schreiben unterrichtete man dort die Künste und lehrte die nützlichsten Handwerksberufe. Der Bürgermeister und der Gemeindevorsteher organisierten ein großes Fest zur Schuleinweihung und ein offizielles Abendessen zu Ehren ihres Stifters.

Beim Nachtisch überreichte der Gemeindevorsteher die Stadtschlüssel, und der Bürgermeister umarmte ihn und sagte: „Voller Stolz und Dankbarkeit bitten wir Sie, uns die Ehre zu erweisen und sich auf der ersten Seite des Goldenen Buchs der neuen Schule einzutragen." „Die Ehre wäre ganz auf meiner Seite", sagte der Mann. „Nichts täte ich lieber, als dort zu unterzeichnen, aber leider kann ich weder lesen noch schreiben: Ich bin Analphabet."

„Sie?", sagte der Bürgermeister, der es nicht glauben konnte. „Sie können weder lesen noch schreiben? Sie haben ein Industrieimperium aus der Taufe gehoben, ohne lesen und schreiben zu können? Da staune ich aber. Und frage mich, was Sie wohl erst erreicht hätten, hätten Sie lesen und schreiben gekonnt."

„Das kann ich Ihnen sagen", antwortete der Mann ruhig. „Hätte ich lesen und schreiben gekonnt, wäre ich noch immer Portier im Freudenhaus!"[10]

Omas Weisheiten

„Aus einer schönen Schüssel kann man nicht essen!", „Narrenspiel will Raum haben" – solche Sprüche hatte meine Oma auf Lager und platzierte sie immer jeweils gekonnt in der nötigen Situation und im richtigen Moment. Zu ihren Sprüchen gehörte auch: „Der Krug geht so lange zum Brunnen, bis er bricht."

Brüche gehören zum Leben dazu. Krisen sind unvermeidbare Bestandteile unseres Lebens. Da zerbrechen Lebensträume, Beziehungen scheitern, Menschen geben sich auf. Da wackeln die Fundamente des Lebenshauses, und nicht selten beurteilen Menschen von außen, wie diese Krise zu vermeiden gewesen wäre.

Das chinesische Schriftzeichen für „Krise" besteht aus zwei Teilen. Der obere Teil bedeutet „Gefahr" und der untere „Chance". Was ist denn dann eine Krise? Eine gefährliche Chance oder besteht mitten in der Krise die Chance für eine Neuorientierung im Leben?

Ich war zu einer Jugendwoche eingeladen. Jeden Abend sprach ich über verschiedene Themen des Glaubens. Für den letzten Abend war ein Abschlussgottesdienst geplant, in dem es um Liebe und Annahme gehen sollte. Nachmittags fuhr ich, wie an jedem Tag, durch die Landschaft, um mich bei einem Waldspaziergang auf die Abende vorbereiten zu können. An einer Kreuzung musste ich wegen einer Baustelle stehen bleiben und den Bus wenden. Mit unserem großen Gemeindebus ein schwieriges Unterfangen. Gott sei Dank kam aber ein Mann aus dem Hof und half mir, sodass ich es trotz der kleinen Wendemöglichkeit schaffte.

Kurz bevor ich wieder weiterfahren wollte, winkte er mich noch einmal heran. Ob ich Weihnachtsschmuck kaufen möchte? Was ist denn das für eine Frage? Wir waren gerade in der Karwoche! Was will ich denn jetzt mit Weihnachtsschmuck? Nun gut. Nein sagen gehört nicht zu meinen Stärken und immerhin hatte er mir ja so freundlich geholfen – außerdem bin ich ein furchtbar neugieriger Mensch und freue mich immer auf neue Begegnungen.

Ich stieg also aus dem Bus aus und wir gingen in seinen Stall. Dort stapelten sich tatsächlich jede Menge Kisten voll mit Weihnachtsschmuck. Ich suchte mir die Kugeln aus, die ich am wenigsten hässlich fand, und wollte zahlen und gehen. Ach, das war ja fast wie im Orient. Er begann zu handeln. Wollte, dass ich einen geringeren Preis zahle, wollte, dass ich gemeinsam mit ihm um einen guten Preis ringe.

„Du kannst übrigens Hannes zu mir sagen."

Mir schlug seine Alkoholfahne ins Gesicht.

„Ich schenke dir diese Kugel, wenn du auch noch diese Christbaumspitze kaufst ...!"

So ging es hin und her. Mein Argument, dass ich eigentlich gar keinen Weihnachtsbaumschmuck brauche, da wir zu Hause nie einen Weihnachtsbaum haben, weil wir immer bei unseren Eltern Weihnachten feiern, zog nicht so ganz. Also gut. Ich war dann irgendwann für die nächsten Jahre eingedeckt, zahlte und wollte jetzt aber wirklich gehen.

Er war aber noch nicht fertig. So schnell würde ich wohl diesen Ort nicht verlassen können. Erst wollte er mir noch seinen Hof zeigen. Auch das würde ich noch überleben. Er zeigte mir die verschiedenen Ställe und Räume. Als wir in den letzten Stall kamen, deutete er auf einen Galgen und meinte: „Und hier hänge ich mich in den nächsten Tagen auf!"

Meine Güte, damit hatte ich nicht gerechnet.

Wir landeten in seiner Küche. Das Holz im Ofen knackte, es roch nach altem Essen, er öffnete sich eine Flasche Bier und begann zu erzählen. Arbeit weg, Geld weg, Frau und Kinder weg, Tiere und Maschinen von seinem Hof weg. „Mich würde doch sowieso keiner vermissen! Mich braucht doch keiner!", sagte er. Was will man da noch machen? Als einziger Ausweg schien für ihn der Strick übrig zu bleiben. Wir unterhielten uns. Ich wollte mehr von ihm und seiner Geschichte erfahren, wollte wissen, wie sich dieses Schicksal in seinem Leben zusammengebraut hatte. Mir fällt es in solchen Momenten sehr schwer, den Menschen „das liebe Jesulein" als Antwort auf Beziehungskrisen, Arbeitslosigkeit und

Geldmangel anzubieten. Ich habe es zu oft erlebt und erzählt bekommen, dass Menschen mit platten Floskeln ihr Gegenüber nicht ernst genommen und dadurch die Situation eigentlich nur verschlimmert haben. Trotzdem lud ich ihn am Schluss unseres Gesprächs für den kommenden Donnerstag in den Abschlussgottesdienst ein.

„Mal sehen", sagte er, „ich bin kein so guter Kirchgänger. Ich hab mir das Hoffen abgewöhnt! Ich bin zu oft enttäuscht worden!"

Ich fuhr los.

Am Donnerstag war es dann so weit. Der Gottesdienst begann. Ich drehte mich um und schaute in die Gemeinde. Die Kirche war gerammelt voll – aber Hannes war nicht da. Ich war enttäuscht. Dann – mitten in der Begrüßung – ging die Tür auf. Es war Hannes. Laut polternd lümmelte er sich in die letzte Bank im Kirchschiff. Es folgten Lieder, eine Predigt und dann feierten wir Abendmahl. Ich lud ein: „Kommt, seht und schmeckt – Gott ist ein freundlicher Gott!" Ich sah, wie Hannes mit den anderen Menschen aufstand und nach vorne wankte, um in der großen Runde seinen Platz einzunehmen. Am Ausgang drückte er mir mit Tränen in den Augen ein Stück Papier in die Hand.

„Hier, für einen guten Zweck. Die Menschen brauchen euch. Ich habe nach vielen Jahren zum ersten Mal gehört, dass ich geliebt bin – trotz all dem Mist, den ich bisher gebaut habe. Ich habe so oft gehört, was ich alles falsch mache und wo ich mich lieber nicht blicken lassen soll! Mir haben die Menschen immer gesagt, wie ich sein müsste, um irgendwo dazugehören zu können. Heute habe ich von euch gehört, dass ich dabei sein darf und dafür nichts zu leisten habe!"

Das waren genau die zehn Euro, die ich ihm für den Weihnachtsschmuck gezahlt hatte. Ich war gerührt. Erst vor ein paar Wochen – also über zehn Jahre später – habe ich gehört, dass Hannes nun „trocken" ist. Der Pfarrer vor Ort hatte sich über viele Jahre um ihn bemüht und ihn begleitet.

Was für ein Wunder! Die Krise als Chance für einen Neuanfang – mitten in der Gefahr.

In seinem Buch „Die Kunst des Scheiterns" erzählt der Liedermacher Konstantin Wecker sehr offen und ehrlich von den Höhen, aber auch – und vor allem – von den Niederlagen seines Lebens. Wecker, der sich nach seinem Drogenabsturz auf eine ganz neue Sinnsuche in seinem Leben begeben hat, berichtet von einem besonderen Erlebnis in einem katholischen Kloster. Sein Meditationslehrer bat ihn eines Tages: „Stellen Sie sich auf der einen Seite alle Ihre Niederlagen und schmerzvollen Momente vor und auf der anderen all Ihre Erfolge. Welche Erinnerungen würden Sie lieber behalten, wenn Sie auf eine Seite vollständig verzichten müssten?"

Und Wecker schreibt dazu: „Mein Meditationslehrer war sich der Antwort auf diese Frage sicher. Fast keiner seiner Schüler habe sich je für die Erfolgsseite entschieden, sagte er. Ich musste auch nicht lange überlegen, denn ich habe kaum Erinnerungen an meine großen Erfolge. [...] Die Misserfolge aber sind mir stets präsent. Je grandioser der Abstieg, desto einprägsamer der Eindruck. Je peinlicher die Situation, je tiefer der Schmerz, umso tiefer das Erleben, umso bleibender die Erinnerung." Wie schnell haben wir gelernt wegzusehen, erschütternde Erfahrungen beiseitezuschieben und nicht nach der Ursache zu fragen. Wecker entdeckt für sich gerade hier die Chance mitten in der Krise, wenn er schreibt: *„Das Opfer, das Gott gefällt, ist ein zerknirschter Geist; ein zerbrochenes und geschlagenes Herz wirst du, Gott, nicht verschmähen', heißt es in einem Psalm, den ich bei meinem Aufenthalt im Kloster Andechs jeden Samstag mit den Benediktinermönchen rezitiert habe. Da sträuben sich zuerst die Nackenhaare. [...]*

Und trotzdem konnte ich mich der Wucht dieser Worte und ihrer Weisheit nicht entziehen. Und sie haben sich in meinem Leben bewahrheitet. Mit diesem zerschlagenen Herz ist nach meiner Erfahrung die seelische Verfassung eines Menschen gemeint, der so viel verloren hat, dass er an sich selbst nichts mehr beschönigen kann. Der tiefste Abgrund des menschlichen Daseins, des Verlassenseins: Man hat kein Ich mehr, an das man sich klammern könnte, keine Persönlichkeit mehr, in die man sich flüchten könnte, der letzte Rest des Hochmuts ist dahin. In diesen Phasen des Lebens lernen wir zu begreifen, dass nicht die Wirklichkeit das Problem darstellt, sondern die Erwartung an die Wirklichkeit. Dass wir nichts brauchen, um das Leben zu verstehen, sondern einzig etwas verlieren müssen: unsere Vorstellung und Vorurteile, unsere Ängste und Konditionierungen."[11]

Der Religionspädagoge Günther Biemer benennt verschiedene Stufen der religiösen Entwicklung im Leben Jugendlicher.[12] Biemer nimmt dabei die Bedürfnisse der Jugendlichen wahr und verbindet sie mit folgenden sehnsüchtigen Aussagen:

„Gut, dass du da bist!"
– Der Mensch sehnt sich nach Gemeinschaft und Liebe.
„Meine Sehnsucht ist groß."
– Der Mensch sehnt sich nach Hoffnung.
„Frei möchte ich sein!"
– Der Mensch sehnt sich nach Freiheit.
„Ich hoffe auf Zukunft!"
– Der Mensch sehnt sich nach Zukunft.

Ich glaube, diese folgenden Aussprüche sind existenzielle Grundpfeiler unseres menschlichen Wesens und dadurch Teil unseres lebenslangen Lern- und Reifungsprozesses. Als letzten Ausspruch benennt Biemer einen Satz, der sich durch alle Lebenslagen zieht: „Ich kann nicht mehr." Manchmal bleibt einem nur noch dieser letzte kapitulierende Satz: „Ich kann nicht mehr! Ich scheitere hiermit! Ich gebe auf!"

Meine Eltern haben mir bei meiner Taufe den Psalm 37,5 als Taufspruch gegeben: „Befiehl dem Herrn deine Wege und hoffe auf ihn, er wird's wohl machen." Wie gut, dass wir einen Gott haben, dem wir uns und unser Leben anbefehlen können. Mit unseren Stärken – aber auch mit unseren Schwächen und Fehlern. Gott sei Dank ist Gottes Ja größer als unseres. Gott sei Dank dürfen wir mitten in der Krise die Chance der Neuorientierung entdecken und nach dem Wozu anstatt dem Warum fragen. In Psalm 23 heißt es: „Und ob ich schon wanderte im finsteren Tal, fürchte ich mich nicht. Denn du bist bei mir!"

Gott sei Dank müssen wir die Krisen unseres Lebens nicht alleine durchstehen.

Ich halt dich fest

Und dann kommt der Regen
für dich ganz ungelegen.
Du suchst nach Schutz und Sinn
in deiner kleinen Welt.

Und dann sind die Tage
bis zum Rand gefüllt mit Klage.
Dein Herz sucht immer weiter,
was dich wirklich hält.

Ich steh zu dir
mit allem – Licht und Schatten.
Du kennst die Zeiten, die wir hatten.
Ich bin bei dir – ein Leben lang.

Wenn du Angst hast,
bin ich dein Gegenüber,
die Hoffnung, deine Lieder.
Ich halt dich fest.

Und bist du traurig,
bin ich dein roter Faden,
dein Halt an schlechten Tagen.
Ich halt dich fest,
wenn du dich fallen lässt.

Und dann kommt das Leben
und du willst nicht drüber reden
und vergräbst in dir ganz tief,
was nicht so gut verlief.

Und dann wird es immer
in deinem Herzen schlimmer,
und du weißt nicht, was das ist,
was du tief in dir vermisst.

Ich bleib bei dir
im Dunkeln wie im Hellen,
du musst dich nicht verstellen.
Ich kenn dich doch – dein Leben lang.

Text und Melodie: Andi Weiss, CD: „liebenswürdig",
© Gerth Medien Musikverlag, Asslar

Glaubensbekenntnis eines Punks

Es ist ein wunderschöner Sommertag. Ich sitze im Auto auf dem Weg zu einem Campingplatz im Voralpenland. Vor mir liegt ein Workshop mit jungen Erwachsenen. Am Ziel angekommen, steige ich aus und werde freundlich empfangen. Der Leiter muss noch einmal weg, um Besorgungen zu machen, und ich bleibe mit einem halben Dutzend Jungerwachsener zurück. Ein interessantes Völkchen, denke ich.

Als ich die Leute genauer mustere, steigt meine innere Spannung. Mein erster Blick fällt auf einen Punk, der mich rauchend angrinst, neben den Zelten liegen Bierflaschen, auf dem Tisch das Essen von gestern. Katerstimmung. Und mit diesen Leuten soll ich mich jetzt einen ganzen Tag lang über unser Glaubensbekenntnis unterhalten. Das kann ja heiter werden.

Ich beginne. Erzähle etwas von mir. Möchte etwas von den Teilnehmern wissen. Die Gespräche laufen zäh. Ein Mädchen beginnt, etwas über sich zu erzählen. Aber der erste Funke Ernsthaftigkeit geht auch schon in einem Witz unter. Was mache ich hier nur? Wusste der Leiter, auf wen er mich hier loslässt? Na ja, irgendwie werden wir diesen Tag schon rumkriegen, denke ich. Nach den ersten schwierigen Einstiegsminuten lockert sich die Stimmung. Wir werden uns vertrauter. Wir nehmen uns das Glaubensbekenntnis vor. Ich teile es auf Blättern aus und bitte jeden, seinen ganz persönlichen Satz herauszufinden. Welche Aussage ist mir die wichtigste Aussage in diesem Bekenntnis?

Ob sie wohl mitmachen? Anfängliche Tuscheleien verebben von selbst, und ich merke, wie es in den Herzen und Köpfen der Leute zu arbeiten beginnt. Dann beende ich die Kleinarbeit und bitte die Teilnehmer, ihre Ergebnisse in der Gruppe zu erzählen.

Zu meiner Überraschung beginnt der Punk – freiwillig – als Erster: „Mein wichtigster Satz im Glaubensbekenntnis ist der mit der Vergebung der Sünden", sagt er.

Ich traue meinen Ohren nicht. Ich hätte wetten können, dass zumindest er – wenn nicht sogar die ganze Truppe – sich weigert, auch nur irgendetwas mitzuarbeiten. Allein das schöne Wetter, die Berge und der See hier wären Grund genug, die Mitarbeit zu verweigern.

„Wie meinst du das?", frage ich nach.

Und er beginnt mit seiner Ausführung: „Na ja, genau deshalb bin ich Punk geworden. Ich möchte

Systeme hinterfragen. Aber ich bin natürlich alt und schlau genug, um zu verstehen, dass das auch beidseitig laufen muss. Wenn ich hinterfrage, muss ich mich auch immer wieder hinterfragen lassen. Deshalb ist mir das der wichtigste Satz. Ich glaube, Leben kann nur funktionieren, wenn wir immer wieder durch das Ausprobieren herausfinden, was gut für uns ist. Dabei werde ich mir wahrscheinlich oft eine blutige Nase holen. Deshalb brauche ich die Vergebung der Sünden."

Ich bin geplättet. Das war die kürzeste und schönste Predigt, die ich je in meinem Leben gehört habe.

Es folgen intensive Beiträge – nicht abgehoben – nicht hochgeistlich bemalt – sondern mitten aus dem Leben.

Ich schäme mich für meine voreingenommenen Gedanken den Leuten gegenüber. Ich hatte die Workshopteilnehmer in eine Schublade gesteckt, ohne mich für ihre Geschichte zu interessieren.

Wir Christen können das sehr gut. Für uns gibt es recht schnell die, die drinnen sind, und die, die draußen sind. Wie oft laden wir mit unseren Worten und unserem Verhalten andere Menschen ein – und wie oft schließen wir sie aus? Wir sprechen im Glaubensbekenntnis: „Ich glaube an die Gemeinschaft der Heiligen", und vergessen, dass wir zuerst eine Gemeinschaft von Sündern, von Suchenden und Erlösungsbedürftigen sind. Das ist das, was uns alle miteinander verbindet. Deshalb ist mir in der Liturgie im Gottesdienst das Kyrie Eleison („Herr, erbarme dich") so wichtig. Hier fühle ich mich wirklich ernst genommen. Hier darf ich das mitbringen, was mich unter der Woche belastet und bedrängt hat. Hier darf ich Verletzungen benennen, die mir andere zugefügt haben oder die ich anderen zugefügt habe. Hier darf ich „Gedanken, Worte und Taten" benennen, die mich vor Gott, vor mir und vor anderen Menschen schuldig gemacht haben.

Martin Buber schreibt: „Die große Schuld des Menschen sind nicht die Sünden, die er begeht, die große Schuld des Menschen ist, dass er in jedem Augenblick die Umkehr tun kann – und nicht tut!" Ich fühle mich aufgehoben. Da nimmt mich jemand ernst. Da muss ich mich nicht zuerst verstellen, um dazugehören zu dürfen. Hier bin ich – mit allem, was mich erfreut, und mit allem, was mich belastet, und bitte: „Herr, erbarme dich über mich und mein Leben!" Und dann wird gefeiert: „Gott hat sich unser erbarmt. Er ist Mensch geworden. Jesus Christus hat am Kreuz für alle unsere Schuld bezahlt!", und es folgt in der Liturgie ein großer Lobgesang auf den liebevollen Gott, der den Menschen vergibt und sie „ent-lastet".

Der Tag am Campingplatz neigt sich dem Ende zu. Ich merke, wir sind zusammengewachsen. Wir sind für kurze Zeit eine „Gemeinschaft von Gläu-bigen" geworden, die gemeinsam nach Antworten suchen durften. Als letzte Übung formuliert nun jeder einen Text, in dem er einem weit entfernt lebenden Brieffreund seinen Glauben erklärt. Die „Antworten", die dann vorgestellt werden, sind bestimmt keine Musterantworten. Aber ich glaube, in diesem Moment zählt das nicht.

Nach einem wirklich lustigen und doch tiefsinnig formulierten Brief kommt ein Mädchen an die Reihe. Sie bittet mich, den Brief vorzulesen. Es geht um ihren kürzlich verstorbenen Opa. Sie teilt mit ihrem imaginären Brieffreund all den Schmerz, alle offenen Fragen und ihr Vertrauen auf Gott, den sie in diesem Moment so gar nicht versteht. So herzhaft wir gerade in der Runde gelacht haben, so still wird es jetzt. Ich sehe Tränen in den Augen der Teilnehmer. Ob die Tränen vom Lachen oder vom Weinen sind, kann ich nicht sagen.

So muss Glaubenssuche sein, denke ich, als ich spät in der Nacht den Heimweg antrete.

Der Panther

Haben Sie in der Schule gerne Gedichte auswendig gelernt? Ich nicht.

Mit einem Gedicht stand ich lange Zeit auf Kriegsfuß. „Der Panther" von Rainer Maria Rilke. Nicht, dass mir das Gedicht nicht gefallen würde –

im Gegenteil! Rilke begeistert mich, nur leider habe ich mit diesem Gedicht so meine ganz eigene Geschichte.

Nach einer Deutschstunde stand dieses Gedicht in meinem Hausaufgabenheft. „Auswendig lernen! Bis zur nächsten Stunde." Da ich schon ein Gedicht in diesem Schuljahr vorgetragen hatte, habe ich das Gedicht logischerweise nicht auswendig gelernt. In der nächsten Stunde kam die Lehrerin in unser Klassenzimmer mit der Ansage: „Alle Sachen vom Tisch! Nehmt ein Blatt Papier und einen Stift! Jeder schreibt das Gedicht auf!"

Und so hat mich das Gedicht etwas ganz anderes gelehrt: Es ist anscheinend nicht gut, wenn man bei einer Prüfung im Fach Deutsch das Buch aus dem gleichnamigen Fach auf der Seite aufgeschlagen hat, auf der sich auch das zu prüfende Gedicht befindet, und sich dieses Buch wiederum unter der Bank befindet.

„Weiss – Blatt weg – Unterschleif! Note 6!" Dabei ist es doch wirklich ein sehr bewegendes Gedicht. Erst Jahre später kam ich wieder mit dem Gedicht in Kontakt:

Der Panther

Sein Blick ist vom Vorübergehn der Stäbe
so müd geworden, dass er nichts mehr hält.
Ihm ist, als ob es tausend Stäbe gäbe
und hinter tausend Stäben keine Welt.
Der weiche Gang geschmeidig starker Schritte,
der sich im allerkleinsten Kreise dreht,
ist wie ein Tanz von Kraft um eine Mitte,
in der betäubt ein großer Wille steht.
Nur manchmal schiebt der Vorhang der Pupille
sich lautlos auf. – Dann geht ein Bild hinein,
geht durch der Glieder angespannte Stille –
und hört im Herzen auf zu sein.[13]

Wie langweilig, wie trist, wie traurig muss das Leben dieses Panthers sein! Ein Leben hinter Gittern. Tausend Stäbe und hinter diesen tausend Stäben keine Aussicht, keine Hoffnung, keine bessere Welt. Keine Bewegungsfreiheit. Immer nur der gleiche Trott. Gefangen. Weit weg von zu Hause.

Geht es uns Menschen nicht oft genauso? Wie tief können Trauer und Scham, Wut und Verletzungen in den Menschen festsitzen? Wer kann da helfen? Wer kann diese kaputten Existenzen wieder aufbauen? Denn eines ist sicher: Hier helfen keine billigen Vertröstungen mehr. Keine seicht-frommen Kalendersprüche. Kein „Es wird schon alles wieder gut!". Wie einfach wäre es jetzt, die Welt in Schwarz und Weiß, in Schuldig und Unschuldig, in Gerecht und Ungerecht aufzuteilen. Aber da gilt es, tiefer anzusetzen. Kein Moralisieren, aber auch eben kein billiges Wegwischen der Vergangenheit. Sondern die harte Arbeit an dem, was wir mit uns herumtragen. Das Aufarbeiten der eigenen Biografie. Da ist es lebensnotwendig, die Ketten und Festlegungen in meinem Leben beim Namen zu nennen: Ja, ich kenne diese Gitterstäbe in meinem Leben! Stäbe, die mich davon abhalten, Gottes gutes Wort zu hören. Stäbe, die mich davon abhalten, das Leben zu schmecken. Diese Stäbe können fremd- oder selbst verschuldet sein. Und genau diese Stäbe halten Menschen davon ab, ihr Leben neu zu sortieren und neue Hoffnung zu schöpfen.

Kennen Sie dieses Gefühl? Diesen Geschmack der Niederlage, des Verlassenseins? Die leise oder laute Ahnung, dass man auch noch selbst an allem schuld ist? Die Selbstzweifel? Die Angst, dass Gott jetzt nichts mehr mit einem zu tun haben möchte? Da kennt das eigene Herz nur noch Worte wie: „Mein Gott, warum hast du mich verlassen? Ich kann dich nicht hören! Du bist so weit weg! Wo bist du, Gott? Ich rufe zu dir aus meinem Exil – aber scheinbar hörst du mich gar nicht!"

Ein Sprichwort sagt: „Schwerer als Israel aus dem Exil zu holen, ist es, das Exil aus Israel zu holen!" Wie schaffen wir es, nach Krisen den Schritt zurück ins Leben zu finden? Wie kommen wir aus unserem

Gefängnis heraus? Wie entkomme ich nur meinem ganz persönlichen Exil?

In der KZ-Gedenkstätte in Dachau kann man folgenden Spruch lesen: „Wer nicht bereit ist, von der Vergangenheit zu lernen, der ist verdammt, sie zu wiederholen!" Man kann es auch so ausdrücken: „Wer nicht bereit ist, seine Vergangenheit aufzuarbeiten, zu vergeben und selbst von Gottes Vergebung zu leben, der ist verdammt, sie zu wiederholen – sie noch mal und immer und immer wieder zu durchleben." Er verfällt immer wieder in gleiche Beziehungsmuster.

Welche Hoffnung können „gefangene Eltern" schon an ihre Kinder weitergeben? Da wird Hass vererbt. Untreue setzt sich fort. Misstrauen wird weitergereicht. Geschlagene Kinder werden zu schlagenden Eltern. Risse aus dem Elternhaus reißen weiter in neue Beziehungsstrukturen ein. Unerklärter moralischer Druck wird unreflektiert weitergegeben und richtet große Schäden an. Da haben sich Festlegungen tief eingegraben. Da ist das Selbstbewusstsein kaputt. Die Schuld hat so lange an einem Menschen genagt, dass er die Worte „Erlösung", „Errettung" und „Gnade" nicht mehr hören kann. Wir Menschen haben unterschiedliche Wege gefunden, mit diesen Schwierigkeiten umzugehen.

Neulich habe ich folgenden Spruch gelesen: „Männer leben vom Vergessen – Frauen vom Erinnern!"

Ich glaube, beides ist wichtig, aber beides macht uns, wenn es jeweils alleine steht, auf Dauer kaputt! Es ist wichtig, meine Vergangenheit nicht einfach auf die Seite zu schieben! Es ist wichtig, in meiner Biografie Antworten über meine Person zu finden. Es ist wichtig, eigene Verletzungen, aber auch die eigene Schuld beim Namen zu nennen und sie, wenn nötig auch mit fremder Hilfe, aufzuarbeiten. Sonst werde ich diesem Problem immer wieder in meinem Leben begegnen. Ich werde immer wieder neu verletzt und ich werde auch immer wieder neu verletzen.

Aber es ist dann auch wichtig zu vergessen. Die alte Asche beiseitezuschieben und mit Gott und den Menschen neu anzufangen. Denn wenn Gott mir vergibt, dann darf ich mir auch selbst vergeben! Wenn sich Gott meiner erbarmt, dann bin ich wirklich geborgen. Wenn mich Gott nach Hause führt, dann bin ich zu Hause! Dann habe ich es nicht mehr nötig, über andere Menschen zu lästern. Dann brauche ich mich nicht über andere Menschen zu stellen und wie mit einem Echolot die Fehler anderer zu finden. Dann kann ich lernen, mich an meinem eigenen Leben zu erfreuen.

In seinem modernen Märchen „Elf Minuten" lässt Paolo Coelho das Mädchen Maria folgende Gedanken in ihr Tagebuch schreiben: *„Heute bin ich an einem Vergnügungspark vorbeigekommen. Da ich mit meinem Geld haushalten muss, habe* *ich mir nur die Leute angesehen. Ich habe lange vor einer Achterbahn gestanden: Ich sah die meisten Leute da hineingehen, um den großen Kick zu erleben, doch wenn die Bahn sich in Bewegung gesetzt hatte, kamen sie vor Angst fast um und wollten wieder aussteigen. Was wollen sie bloß? Wenn sie das Abenteuer suchten, sollten sie bereit sein, es bis zum Ende durchzustehen. Oder glaubten sie, dass es besser wäre, dieses Auf und Ab nicht mitzumachen und die ganze Zeit in einem Karussell zu sitzen und auf der Stelle zu kreisen? [...]*

Die Achterbahn ist wie mein Leben, und das Leben ist ein starkes, berauschendes Spiel. Leben heißt mit einem Fallschirm abspringen; Leben heißt etwas riskieren, hinfallen und wieder aufstehen; Leben ist wie Steilwandklettern, es bedeutet, nicht zu ruhen und nicht zu rasten, bis man den eigenen Gipfel erklommen hat. [...]

Was für ein Gefühl wäre es, wenn ich abends in meinem Bett einschlafen und morgens plötzlich in einer Achterbahn aufwachen würde? Nun, zuallererst würde ich das Gefühl haben, gefangen zu sein, mir würde in den Kurven speiübel werden und ich würde aussteigen wollen. Wenn ich allerdings darauf vertraue, dass die Schienen mein Schicksal sind, dass Gott diese Maschine lenkt, dann würde dieser Albtraum etwas Aufregendes. Die Achterbahn wäre genau das, was sie auch ist: eine sichere, vertrauenswürdige Konstruktion mit kleinen Wägelchen, die an ihr Ziel gelangen werden. Und während der Fahrt kann ich die Landschaft um mich herum betrachten und vor Aufregung schreien."[44]

Es ist Sommer

Wintergrieselgrau war gestern,
das ist heute längst vorbei.
Hör doch einmal auf zu lästern,
leb, so wie du bist – du bist doch frei.

Schenk deinen Worten gute Tage,
die schlechten komm'n von ganz allein.
Wohin bringt dich all dein Klagen?
Ich weiß, du willst,
du willst nicht einsam sein.

Und? Und es ist Sommer!
Die Sonne scheint, kein Regen weint,
doch du spielst im Schnee.
Und? Und es ist Sommer!
Vor deiner Tür wartet das Leben,
also komm, komm, steh auf und geh!

Was störst du dich an all den Wolken?
Du weißt, sie kommen, und du weißt, sie gehn.
Hast oft gemacht, was andre wollten,
und andre wollten dich so sehn.

Schenk dich dir selbst und auch dein Leben,
verstell dich nicht, stell dich drauf ein.
Sprichst du von dir in deinen Reden,
dann zieht bald der Sommer ein!

Doch im Haus ist es viel schöner,
draußen kann zu viel passiern.
So wird deine Seele schnöder,
vierzig Grad im Schatten! Und du willst friern?

Text und Melodie: Andi Weiss, CD: „liebenswürdig",
© Gerth Medien Musikverlag, Asslar

Dankbarkeit

„Na? Wie sagt man da?" Wie oft hört man eine Mutter, die ihrem Kind mit dieser Frage beibringt, dankbar zu sein. Zu Recht, denn ich glaube, der Schlüssel zu einem erfüllten Leben heißt „Dankbarkeit"! Deshalb möchte ich mit Ihnen die Qualitätsmerkmale von dankbaren Menschen anschauen: „Dankbare Menschen sind schlaue Menschen." Das wissen wir nun – auch wenn wir es manchmal nicht wissen: „Danken kommt von Denken." Ein Mensch, der aufgehört hat zu danken, hat zuvor schon aufgehört zu denken, das heißt, er hat aufgehört, Mensch zu sein. Wir sind jemand anderem dankbar für das, was er uns getan hat, indem wir seine Tat bedenken. Dann erst wird uns bewusst, wie unselbstverständlich seine Hilfe war. Derjenige wird „dankbar", der zurückschaut und nachdenkt, wie sich das alles zugetragen hat.

Als Christen blicken wir zurück und schieben unseren Lebensweg keinem Schicksal „in die Schuhe" – wir vertrauen in unserem Leben auf Gottes Führung. Ein Weg durch „dunkle Täler", auf

Holzwegen, auf dem wir in der Rückschau Gottes geheimnisvolle Führung entdecken können. Auch wenn die aktuelle Situation manchmal ausweglos erscheint – im dankbaren Blick zurück gewinnt man Mut und Hoffnung für die kommende Zeit. Das ist eine alltägliche Erfahrung. Ich gehe in das Lokal, in dem mir das Essen am besten geschmeckt hat oder in dem ich gut bedient wurde. Ich gehe zu dem Obsthändler, der mir auch das letzte Mal keine faulen Tomaten gegeben hat. Ich frage den Freund um Rat, der mir auch das letzte Mal einen guten Tipp geben konnte, der mich weitergebracht hat und von dem ich auch wirklich die Hilfe annehmen konnte, weil er mir gerne geholfen hat. Weil Gott ihm in der Vergangenheit schon geholfen hat, erinnert er sich daran. Er denkt, er gedenkt Gottes Treue und sein Denken und sein Danken geben ihm die Kraft, nach vorne zu blicken.

Der Kabarettist Dieter Hildebrandt hat einmal gesagt: „Statt zu klagen, dass wir nicht alles haben, was wir wollen, sollten wir lieber dankbar sein, dass wir nicht alles bekommen, was wir verdienen."

Dankbare Menschen sind aber auch Brillenträger. Paulus schreibt in 1. Korinther 2,9: „Was kein Auge gesehen hat, was kein Ohr gehört hat, das hält Gott für die Menschen bereit, die ihn lieben." Durch unser Vertrauen und durch die Rückschau bekommen wir einen anderen Blick auf das, was Gott in unserem Leben tun will. Durch unsere Liebe zu ihm und durch die vertrauensvolle Rückschau lernen wir Gott in unserem Leben wahrzunehmen, ihn zu begreifen. Da ist der Prophet Elia, der nicht im Feuer, nicht im Sturm, nicht im Erdbeben, nicht im Donner, sondern „im Säuseln des Windes" Gott ganz neu entdeckt. Da reiht sich Gott ganz „ungewohnt leise" in unser Leben ein.

Die Dankbarkeit gibt uns einen Blick auf Gottes Taten. Aber diese Brille ist nicht rosarot gefärbt ... denn dankbare Menschen sind auch realistische Menschen. In Jesaja 58,7 heißt es: „Brich dem Hungrigen dein Brot, und die im Elend ohne Obdach sind, führe ins Haus! Wenn du einen nackt siehst, so kleide ihn, und entzieh dich nicht deinem Fleisch und Blut." Dankbaren Menschen schwindet alle Romantik. Dankbare Menschen sehen die Not aus ihrem eigenen Erleben. Dankbare Menschen sehen auch die Schwächen einer Gemeinde, die Schwächen einer Clique, die Schwäche einer Familie und wissen, sie werden gebraucht. Im Hier und Jetzt. Dadurch sind dankbare Menschen gelassene Menschen. Denn dankbare Menschen leben mit Gottes Verheißung! Weiter heißt es in Jesaja 58,9–10: „Wenn du in deiner Mitte niemand unterjochst und nicht mit Fingern zeigst und nicht übel redest, sondern den Hungrigen dein Herz finden lässt und den Elenden sättigst, dann wird dein Licht in der Finsternis aufgehen, und dein Dunkel wird sein wie der Mittag."

Das ist wirklich nicht einfach! Mir fällt das schwer! Wie oft unterjochen wir Menschen mit unserer Meinung (die natürlich die richtige ist). Wie oft unterjochen wir Menschen mit unseren Launen, mit unserer Missstimmung, mit unserer Privatoffenbarung, die wir gerade haben und jetzt allen Menschen aufzwingen wollen. Wie oft unterjochen wir Menschen mit unserem eigenen schlechten Gewissen und treiben sie dadurch in die Unzufriedenheit und in die Undankbarkeit? Wie oft klagen wir fingerzeigend an? Wir legen los: „Du bist faul! Das machst du aber gar nicht richtig. Du bringst kein Geld nach Hause. Du glaubst nicht richtig oder zu wenig. Du gehörst nicht zu uns. Du bist eingebildet. Du bist nicht du selbst ...", und legen so Menschen fest und sperren sie in das Gefängnis der Festlegung ein. Wie oft reden wir übel über unsere Mitmenschen und unsere Mitchristen, die wir ja so fromm unsere „Brüder und Schwestern" nennen (... und es fällt so schwer, das nicht zu tun). Manchmal regen uns unsere Mitmenschen einfach auf. Da scheint es einfach kein anderes Mittel zu geben, als mit Worten Dampf abzulassen und auf den Tisch zu hauen! Wenn wir launisch, unzufrieden und mürrisch sind, dann können wir nicht danken.

Ein dankbares Herz können wir uns aber auch nicht einreden. Ein Dank, der von Herzen kommt, wirkt wie Salbe auf einer kranken Seele. Wenn wir die großen und kleinen Wunder Gottes in unserem Leben erkennen, werden wir immer dankbarer und können sagen: „Erst wollte das Bitten nicht enden und nun wird das Danken nicht still." Gerade deshalb sind dankbare Menschen stärkende Menschen.

Ein englisches Sprichwort sagt: „We are not here to compete us, but to complete us!" (Auf Deutsch: „Wir sind nicht dazu da, um miteinander zu konkurrieren, sondern um uns zu vervollständigen.")

Wer voller Dank entdeckt, was Gott in ihn gelegt hat, der beginnt, diese Geschenke dankbar weiterzugeben.

„Nichts kann uns scheiden von der Liebe Gottes!"

Es war ein Montagmorgen. Ich hatte mir nach einem sehr vollen Wochenende den Vormittag freigenommen. Die kommende Woche war schon wieder sehr verplant – zumindest jetzt galt es, einmal durchzuschnaufen. Einmal an sich selbst denken. Zur Ruhe kommen. Da klingelte das Telefon.

Gut gemacht! Der Anrufbeantworter! Sehr klug. Aber der Anrufbeantworter war nicht auf leise gestellt. Ich höre den Anrufer samt Anliegen. Ein Todesfall. Vor ein paar Tagen hatte ich davon schon gehört. Ein Mann, viel zu früh aus dem Leben geschieden. Ob er dabei selbst mitgeholfen hat, kann und will keiner sagen. Die Ärzte haben da aber so eine Vermutung. Ein Bilderbuchleben hatte er bestimmt nicht. Die Biografie – mehr zerfleddert als geordnet – immer auf der Suche nach Liebe und Annahme. Nach dem ersten Schock der Angehörigen kommt die Frage auf, wer denn nun den Verstorbenen beerdigen wird. Er selbst war schon vor langer Zeit aus finanziellen Gründen aus der katholischen Kirche ausgetreten. Der Priester, der der Familie eigentlich sehr lange nahestand, hat keine Zeit, um die Beerdigung zu halten.

Da ich dem Bruder des Verstorbenen sehr na-hestehe, landet nun die Frage bei mir: Könntest du nicht die Beerdigung halten? Ich bin ehrlich: Mich ärgert dieser Anruf. Das ist typisch, denke ich. Ein Leben lang wollen die Leute nichts mit der Kirche am Hut haben – aber dann, wenn es darauf ankommt, dann muss sie herhalten. Ich erbitte mir Bedenkzeit. Immerhin müsste ich erst ein paar Termine verschieben, um an dem besagten Termin die Trauerfeier halten zu können. Außerdem hatte ich bis zu diesem Zeitpunkt noch nie einen Menschen beerdigt. Das gehört nicht zu meinen Aufgaben als Diakon in meiner Gemeinde. Kann ich das überhaupt? Die Leute werden merken, dass ich ein Anfänger bin. Irgendwann beginne ich mich für alle diese egoistischen Gedanken zu schämen. Wenn ich jetzt nicht diesen trauernden Menschen zur Seite stehe, dann brauche ich auch an keiner anderen Stelle mehr den Mund aufmachen. Und so sage ich zu, die Beerdigung zu übernehmen.

Ein Kollege aus der Gemeinde hilft mir rührend und steht mir mit Rat und Tat zur Seite. Und dann ist es so weit. Nach knapp einer Woche, in der ich die trauernden Angehörigen begleitet habe, stehe ich in der kargen Aussegnungshalle weinenden Menschen gegenüber. Und beginne mit ihnen diesen Schmerz zu teilen ...

Liebe Trauergemeinde, gerade haben wir die Lebensstationen von Anton gehört. Am Beginn eines Lebens steht die Geburt und gar nicht lange nach der Geburt wird ein Kind meistens getauft. Bei Anton war das auch so. In der Taufe verspricht uns Gott eine lebenslange Begleitung. Er sagt uns: „Ich bin für dich da! Ich bejahe dein Leben!"

Dieses Versprechen Gottes scheint am offenen Grab eigentlich wie eine Farce. Hier der liebende, lebensbejahende Gott. Und dort die Krankheit, die die letzten Tage von Anton immer schwieriger gemacht hat. Schmerzen, die kaum zu lindern waren. Die Operation, die am Schluss nicht mehr half. Das „Ich kann nicht mehr" von Anton am Ende seines Lebens schreit förmlich nach einer Antwort: Gott, wo bist du? Wieso hilfst und heilst du nicht? Da fällt es schwer, von einem liebenden Vater zu sprechen. Da möchte man eher klagen: Gott, warum lässt du so ein Leid in unserer Welt zu? Gott, warum hast du Anton gegen Ende seines Lebens so leiden und dann sterben lassen?

Ich glaube nicht, dass wir heute diese Frage ausreichend beantworten können. Deshalb sind wir auch hier nicht zusammengekommen. Wir sind hier, um zu trauern – und um dieser Trauer auch gemeinsam Ausdruck zu verleihen. Im Anblick des Todes zählen keine seichten Vertröstungen, keine schlauen Antworten auf universale Fragen. Was zählt, sind der Kummer und der Schmerz, den wir empfinden, wenn wir uns von einem geliebten Menschen verabschieden müssen. Wir müssen heute Anton zu seiner letzten Ruhestätte begleiten. Wir müssen Abschied nehmen. Das tun wir, indem wir zurückblicken.

Der Tod macht aus dem Heute ein Gestern. Er zieht einen Schlussstrich unter die Biografie eines Menschen.

Abraham Lincoln wurde einmal nach dem wichtigsten Satz für sein Leben gefragt. Ein Satz, der einem Menschen den wahren Sinn des Lebens erklären und ihm in guten wie auch in schlechten Tagen weiterhelfen würde. Nach langem Überlegen sagte er seinen wichtigsten Spruch. Er lautete: „Auch das wird ein Ende nehmen ..."

Liebe Trauergemeinde, was für ein grausames Wissen ist das? Dass jeder Erfolg, jeder Höhenflug, jedes Wissen, jeder Sieg des Lebens ein Ende haben wird, kann uns demütig machen. Das kann uns helfen, unser Leben sinnvoll – auf das Ende zugewandt – zu gestalten. Auf der anderen Seite ist dieser Spruch aber auch ein großes Versprechen: „Auch das wird ein Ende nehmen ..."

Auch Niederlagen, Krankheiten, Trauer, Verlust, Schuld und Sorgen werden ein Ende nehmen.

Die Schmerzen, die Krankheit, der Kummer von Anton haben am vergangenen Mittwochabend ein Ende genommen. An diesem Schlusspunkt des Lebens gilt es, Abschied zu nehmen. Später werden wir in der Liturgie von Anton ganz persönlich Abschied nehmen. Dort heißt es dann: Wer ihn geliebt und geachtet hat, trage diese Liebe und Achtung weiter. Wen er geliebt hat, der danke ihm für alle Liebe. Wer ihm etwas schuldig geblieben ist an Liebe in Worten und Taten, der bitte Gott um Vergebung. Und wem er wehgetan haben sollte, der verzeihe ihm, so wie Gott uns vergibt, wenn wir darum bitten.

So dürfen wir von Anton im Guten Abschied nehmen. Abschied nehmen geschieht aber nicht nur im Bereinigen des Gestern, sondern auch im Aushalten des Heute. Heute ist es der Schmerz über den Verlust von Anton. Heute sind es die Trauer und der Kummer, die uns den Tag verdunkeln. Heute sind es die Fragen, die an uns nagen: Hätte ich etwas besser machen können? Bin ich Anton etwas schuldig geblieben? Welche Worte hätte ich mit ihm noch gerne gewechselt und welche Missverständnisse ausgesprochen? Heute ist es die Unsicherheit über die eigene Gesundheit und über die eigene Zukunft. Der Abschied im Heute bedeutet auch aushalten, leiden und mitleiden. Es ist wichtig, im Hier und Jetzt zu bleiben. Den Schmerz zu fühlen, auszuhalten und zu benennen. Hier ist Platz für Fragen, die nicht gleich mit Antworten bekleckert werden. Hier ist Raum für Schmerz, der nicht gleich weggetröstet wird.

Dieser Moment ist nicht schön. Er ist grausam und eklig. Das sind genau die Momente, vor denen man sich im Leben fürchtet. Jetzt ist so ein Moment da. Der Moment, der Schmerzen mit sich bringt, die scheinbar kein anderer verstehen kann. In diese dunkle Nacht, in dieses Jammertal hinein hören wir einen Schrei. Keinen erlösenden Schrei. Keinen tröstenden Schrei. Es ist der Schrei Jesu am Kreuz: „Mein Gott, mein Gott, warum hast du mich verlassen?" Vielleicht war das auch der leise Schrei von Anton in den letzten Wochen, vielleicht ist es auch der unformulierte Ruf in Ihrem Leben: „Mein Gott, mein Gott, warum hast du mich verlassen?"

Liebe Trauergemeinde, hier fühle ich mich verstanden. Der Mensch gewordene Gott, der selbst mit Schmerzen ringt, ist auf meiner Seite – er kann mich verstehen. Gott selbst leidet in dieser Welt. Gott kennt meine Schmerzen. Er reiht sich in mein Leben ein.

Rudolf Otto Wiemer schreibt: „Keines seiner Worte glaubte ich, hätte er nicht geschrien: ,Gott, warum hast du mich verlassen?' Das ist mein Wort, das Wort des untersten Menschen. Und weil er selber so weit unten war, dieser Gott, weil er ein Mensch war, der ,Warum?' schreit und schreit ,Verlassen', deshalb könnte man ihm vielleicht auch die andern Worte, die von weiter oben kommen, glauben. Wir nehmen Abschied im Gestern und wir nehmen Abschied im Heute."

Albert Einstein hat einmal gesagt: „Mehr als die Vergangenheit interessiert mich die Zukunft, denn in ihr gedenke ich zu leben." Wie kann nun trotz des Scheiterns im Gestern, trotz der Trauer und Trostlosigkeit im Heute das Morgen gelingen? Wie kann jetzt – mit der immer wiederkehrenden Erfahrung des Sterbens – Leben gelingen? Ein Leben ohne Mann, ohne Vater, ohne Bruder, ohne Sohn, ohne Schwiegersohn, ohne Freund. Wie können wir unser Leben jetzt hoffnungsvoll, glücklich und zufrieden leben, obwohl wir wissen, dass auch unser eigenes Leben auf Beendigung angelegt ist, dass auch wir früher oder später mit dem Tod – dem letzten Scheitern in dieser Welt – zu kämpfen haben?

Als Christen glauben wir, dass der Tod nicht die letzte Instanz ist. Deshalb dürfen wir auch an offenen Gräbern – trotz aller Tränen und Schmerzen – in den hoffnungsvollen Osterhymnus einstimmen: „Jesus lebt. Ich bin gewiss: Nichts soll mich von Jesu scheiden. Keine Macht der Finsternis, keine Herrlichkeit, kein Leiden. Er gibt Kraft zu jeder Pflicht: Dies ist meine Zuversicht. Jesus lebt. Nun ist der Tod mir der Eingang in das Leben. Welchen Trost in Todesnot wird er meiner Seele geben. Wenn sie gläubig zu ihm spricht: Herr, Herr, meine Zuversicht."

Mit dieser Hoffnung, glaube ich, ist Leben möglich. Mit der Gewissheit, dass Gott mehr in einem Menschenleben und darüber hinaus bewirken kann, als wir Menschen meinen, ist Trauern möglich. Mit dem Glauben, dass Gottes „Ja" größer ist als unser „Ja", können wir im Leben scheitern und trotzdem Ewigkeit schmecken. Mit dieser Zuversicht können wir unser Leben gestalten – trotz dem Gestern, mitten in der Klage von heute und in aller Ungewissheit, was der morgige Tag bringen wird. Dann dürfen wir lernen, den Tod als festen Bestandteil in unser Leben zu integrieren. Dann können wir auch im Guten Abschied von Anton nehmen, denn dann ist der Tod ein guter Schluss, ein wichtiger, reinigender und erlösender Bestandteil unseres Lebens. Dann dürfen wir lernen, im Angesicht des Todes den Tag und jede Stunde des Lebens auszukosten. Uns an den guten, gesunden Tagen des Lebens zu erfreuen und nicht immer mürrisch über jede Kleinigkeit zu klagen. Dann dürfen wir – mitten im Kummer und in aller Traurigkeit – wissen: „Auch das geht vorbei!"

Dann dürfen wir uns freuen auf eine neue, andere Welt ohne Krankheit und Traurigkeit, auf ein Zuhause bei Gott. Auf eine neue Welt, von der wir in der Offenbarung im 21. Kapitel lesen: „Und ich sah einen neuen Himmel und eine neue Erde; denn der erste Himmel und die erste Erde sind vergangen, und das Meer ist nicht mehr. [...] Und ich hörte eine laute Stimme aus dem Himmel sagen: Siehe da, die Hütte Gottes bei den Menschen! Und er wird bei ihnen wohnen, und sie werden sein Volk sein, und Gott selbst wird bei ihnen sein, ihr Gott. Und Gott wird abwischen alle Tränen von ihren Augen, und der Tod wird nicht mehr sein, noch Leid noch Geschrei noch Schmerz wird mehr sein; denn das Erste ist vergangen." Amen.

Nach dem Lebenslauf, der Predigt, der Liturgie und einem gesungenen Lied stehe ich nun neben dem Sarg und lese aus Römer 8: „Was bleibt zu alldem noch zu sagen? Gott selbst ist für uns, wer will sich dann gegen uns stellen? Er hat seinen eigenen Sohn nicht verschont, sondern hat ihn für uns alle in den Tod gegeben. Wenn er uns aber den Sohn geschenkt hat, wird er uns dann noch irgendetwas vorenthalten? Wer kann die Menschen anklagen, die Gott erwählt hat? Gott selbst spricht sie frei. Wer kann sie verurteilen? Christus ist für sie gestorben, ja noch mehr: Er ist vom Tod erweckt worden. Er hat seinen Platz an Gottes rechter Seite. Dort tritt er für uns ein. Kann uns noch irgendetwas von Christus und seiner Liebe trennen? [..] Ich bin ganz sicher, dass nichts uns von seiner Liebe trennen kann: weder Tod noch

Leben, weder Engel noch Dämonen noch andere gottfeindliche Mächte, weder Gegenwärtiges noch Zukünftiges, weder Himmel noch Hölle. Nichts in der ganzen Welt kann uns jemals trennen von der Liebe Gottes, die uns verbürgt ist in Jesus Christus, unserem Herrn."

Es folgt ein Musikstück. Die Friedhofsdiener kommen. Die beiden Flügeltüren der Aussegnungshalle öffnen sich automatisch, der Sarg wird hinausgeschoben, die Trauergemeinde zieht hinter dem Sarg her. Als wir die eher schlichte Aussegnungshalle verlassen, liegt vor uns eine große weite Wiese. Vielleicht zweihundert Meter weiter hinten, am Ende der Wiese, steht ein großes, klobiges, vermodertes Holzkreuz. Ich kann es kaum erkennen, die Sonne blendet mich mit wärmenden Strahlen. Und plötzlich begreife ich in meinem Herzen, was ich zuvor versucht hatte, mit Worten zu formulieren. Ich verstehe endlich die gewaltige Kraft der Worte aus Römer 8 – nicht nur mit dem Kopf, sondern auch mit meinem Herzen. Wir alle leben unser Leben bis zu dieser Schwelle. Vor dieser Schwelle streben wir und versuchen so viel. Wir versuchen, alles richtig zu machen, gute Menschen zu sein, unseren Glauben ganz besonders und vor allem richtig zu leben, Spuren zu hinterlassen (ach, was gibt es alles für Ziele im Leben), und merken doch, wie wir in diesen Idealen immer wieder scheitern (zumindest, wenn wir ehrlich zu uns sind).

Hinter dieser Schwelle wartet Jesus Christus auf uns. Der Mensch gewordene Gott, der sich zu uns auf den Weg gemacht hat. Hinter dieser Schwelle können wir nur noch das Geschenk Gottes annehmen. Vor dieser Schwelle stehen wir Menschen jeden Tag und dürfen wissen: Nichts kann uns trennen von Gottes Liebe!

Und dann sitze ich in der S-Bahn nach Hause. In mir wirbeln die Bilder der vergangenen Woche eigene Gedanken auf. Und es entsteht ein Lied ...

Die Welt steht still

Dies ist
dein letzter Gang,
dein letzter Weg
in dieser Welt.
Dies ist
dein letztes Lied.
Es fragt nach dem,
was wirklich hält.
Wohin wir gehn
am Ende unsrer Reise.
Wann werden wir weise
und sehn, was wirklich zählt?

Denn wer hier meint,
er hätte keine Fragen,
müsste niemals klagen,
lebt nicht in dieser Welt.
Und wer dann meint,
er glaubt an allen Tagen,
könnte alles tragen,
versteht nicht diese Welt.

Ich weiß, ich geh
am Ende meiner Reise.
Wann werde ich leise
und tu, was wirklich zählt?

Die Welt steht still.
Wann weiß ich, was ich will,
wenn alles um mich flieht?
Die Welt vergeht.
Am Ende dieser Reise
weiß ich, wer zu mir steht.
Die Welt ist leise,
Ruhm zieht kurze Kreise.
Drum wend ich mich an dich.
Die Welt ist still.
Nur still, sie schweigt und ist nur still.

Dies ist jetzt meine Chance.
Leinen los, Segel gehisst.
Ich leb im Jetzt – ich lebe jetzt!
Ich weiß, wohin, und bin mir gewiss,
wer zu mir steht
am Ende meiner Reise.
Dann werde ich leise
und weiß, was wirklich trägt.

Text und Melodie: Andi Weiss, CD: „liebenswürdig",
© Gerth Medien Musikverlag, Asslar

Lehre uns bedenken ...

Eine Frau sagte einmal zu mir auf ihrem Sterbebett: „Weißt du, Andi, was die intensivste Zeit meines Lebens war? Das war das letzte halbe Jahr. Ich wusste, dass ich sterben muss. Ich habe vorher noch nie so gerochen, so geschmeckt, noch nie so meine Umgebung wahrgenommen wie in dieser Zeit. Weil ich wusste, dass meine Zeit begrenzt ist."

Einmal besuchte ich sie, und freudestrahlend berichtete sie davon, dass sie sich gerade endlich mit einem Menschen ausgesprochen hat, mit dem sie seit Jahren nicht mehr gesprochen hat. „Schade", sagte sie, „schade, dass wir das erst jetzt gemacht haben!"

Der Psalmschreiber bittet im 90. Psalm: „Herr, lehre uns bedenken, dass wir sterben müssen, auf dass wir klug werden!"

Kennen Sie Andreas Gryphius? Ein interessanter Kerl. Vielleicht mussten Sie in der Schule sein Gedicht „Alles ist eitel" auswendig lernen. In der Zeit, in der Andreas Gryphius seine Gedanken zu

Papier brachte, waren die Menschen sehr auf das Ende ihres Lebens ausgerichtet. Und so klingen manche Texte schon sehr deprimierend:

Du siehst, wohin du siehst,
nur Eitelkeit auf Erden.
Was dieser heute baut,
reißt jener morgen ein:
Wo itzund Städte stehn,
wird eine Wiese sein,
auf der ein Schäferskind
wird spielen mit den Herden.

Was itzund prächtig blüht,
soll bald zertreten werden.
Was itzt so pocht und trotzt,
ist morgen Asch und Bein.
Nichts ist, das ewig sei,
kein Erz, kein Marmorstein.
Itzt lacht das Glück uns an,
bald donnern die Beschwerden.

Der hohen Taten Ruhm
muss wie ein Traum vergehn.
Soll denn das Spiel der Zeit
der leichte Mensch bestehn?
Ach! Was ist alles dies,
was wir für köstlich achten?

Als schlechte Nichtigkeit,
als Schatten, Staub und Wind;
als eine Wiesenblum,
die man nicht wiederfind't.
Noch will, was ewig ist,
kein einig Mensch betrachten.

Keine wirklich schönen Themen. Wer will sich denn mitten im Leben an das Ende erinnern? Wer will denn schon daran denken, dass unsere Zeit hier begrenzt ist? Heute denken viele Menschen kaum an das Ende. Wieso auch? „Lehre uns bedenken!" Wir brauchen jemanden, der uns daran erinnert, dass unsere Zeit begrenzt ist. Der uns lehrt, die Jahre, Monate, Tage, Stunden auszukosten. In einem anderen Gedicht bekennt Andreas Gryphius:

Mein sind die Jahre nicht,
die mir die Zeit genommen.
Mein sind die Jahre nicht,
die etwa mögen kommen.
Der Augenblick ist mein,
und nehm ich den in Acht,
so ist der mein,
der Zeit und Ewigkeit gemacht.

Für Gryphius steigt die Lebensqualität im Blick auf sein irdisches Ende. Er ist sich sicher, dass Gott ihn hält, und schöpft daraus Vertrauen und Zuversicht für sein Leben.

Das möchte ich auch lernen. Ich möchte lernen, Gott mein Leben, meine Zeit anzuvertrauen. Und wenn ich weiß, dass meine Zeit auf dieser Erde begrenzt ist, dann will ich diese Zeit auch „klug" auskosten. Dann freue ich mich auf jeden Tag, der noch in meinem Leben auf mich wartet.

Es ist noch gar nicht so lange her, da bin ich 30 Jahre alt geworden. Gar nicht so einfach. Ich merke, die Midlife-Crisis beginnt heutzutage bei Menschen immer früher. Je länger ich mir darüber Gedanken mache, desto öfter kommen mir fragende Gedanken.

Ich arbeite gerne – sehr gerne. Ich liebe meine Arbeit. Ich liebe es, mit Menschen Leben zu leben. Ich mag es, für Menschen da zu sein – ohne dabei auf die Uhr zu schauen. Ich liebe es, Projekte zu erarbeiten. Aber je älter ich werde, desto öfter frage ich mich, ob man, wenn man gerne und leidenschaftlich arbeitet ... vielleicht auch einmal gerne und leidenschaftlich nicht arbeiten kann.

Bernhard von Clairvaux schrieb an seinen früheren Mönch Papst Eugen III.: „Wo soll ich anfangen? Am besten bei deinen zahlreichen Beschäftigungen. Denn ihretwegen habe ich am meisten Mitleid mit dir. Ich fürchte, dass du, eingekeilt in deine zahlreichen Beschäftigungen, keinen Ausweg mehr siehst und deshalb deine Stirn verhärtest. Dass du dich nach und nach des Gespürs für einen durchaus richtigen und heilsamen Schmerz entledigst. Es ist viel klüger, du entziehst dich von Zeit zu Zeit deinen Beschäftigungen, als dass sie dich ziehen und dich nach und nach an einen Punkt führen, an dem du nicht landen willst. Du fragst, an welchen Punkt. An den Punkt, wo das Herz hart wird. Wenn also alle Menschen ein Recht auf dich haben, dann sei auch du selbst ein Mensch, der ein Recht auf sich selbst hat. Warum solltest einzig du selbst nichts von dir haben? Wie lange noch schenkst du allen anderen deine Aufmerksamkeit, nur nicht dir selbst? Wer aber mit sich selbst schlecht umgeht, wem kann er gut sein? Denke also daran: Gönne dich dir selbst. Ich sage nicht, tu das immer, ich sage nicht, tu das oft, aber ich sage, tu das immer wieder einmal: Sei wie für alle anderen auch für dich selbst da, oder jedenfalls sei es nach allen anderen."

Zu dem nun folgenden Lied sei noch eine Kleinigkeit angemerkt: Meistens entstehen meine Lieder in einem Stück. Ich setze mich hin und dann fließt das Lied aus meinem Herzen ... oder eben nicht. Das Lied *Gut gehn* ist in zwei Teilen entstanden. Die ersten beiden Verse auf der Vespa in Griechenland. Der letzte Vers zu Hause am Schreibtisch ...

Gut gehn

Ich geh gerne in Arbeit.
Ich tu was für mein Geld.
Bin oft der Letzte, der noch dableibt
und dem das auch gefällt.
Richt mich nicht nach festen Punkten,
nach dem Hausaufgabenheft.
Ich liebe meine Arbeit
und ich liebe sie ganz fest.

Ich schätze jene, die das auch tun,
und teile ihren Drang.
Entdeck durch Leidenschaft die eine Kraft.
Freu mich aber dann,
wenn die Arbeit verrichtet,
die letzte Planung steht,
kommt der Zeitpunkt, still zu sein,
und dann höre ich mein Lied.

Komm, wir lassen's uns gut gehn,
hören auf die Stimme, die uns neue Kräfte gibt.
Gut gehn,
wissen, wir sind auch als Pausierende geliebt.
Gut gehn – nur gut gehn an diesem schönen Tag.

Ich geh heut los, bin unbesorgt,
der Kalender ist versteckt.
Minuten haben keine Macht,
das Leben wird entdeckt.
Spüre warme Sonnenstrahlen,
fühle feierlich den Wind.
Habe teil an diesen Dingen,
staune wie ein kleines Kind.

Im Caféhaus setze ich mich
an den allerschönsten Tisch.
Bestell das allergrößte Kuchenstück
und dann treff ich dich.
Dir ging es ähnlich, die letzten Wochen
waren ziemlich dicht,
und genau diesen Tag
verschwenden wir
... oder eben nicht.

Doch jetzt mal ehrlich, es ist so,
ich kapier das nie.
Manches Lied, das ich euch singe,
bleibt nur Theorie.

Ich sitz schon wieder nur am Schreibtisch,
denk mir Lieder für euch aus.
Pädagogisch gar nicht wertvoll
gebt ihr dafür noch Applaus.

Also bitte ich euch heute,
mich zu therapiern.
Und am Schluss von diesem Lied
einmal nicht zu applaudiern.
Sonst mach ich immer nur so weiter
und entdecke nie:
In der Ruhe liegt die Kraft
und meine eigne Melodie.

Text und Melodie: Andi Weiss, CD: „liebenswürdig",
© Gerth Medien Musikverlag, Asslar

„… und nicht plappern wie die Heiden!"

Im letzten Advent haben meine Frau und ich etwas scheinbar Verrücktes gemacht. Etwas, was uns niemand zugetraut hätte. Nein, es war kein Bungee-Sprung, wir haben auch nicht Haus und Hof verkauft und es unter den Armen verteilt. Für uns viel anstrengender: Wir sind auf ein Schweigemeditationswochenende in ein evangelisches Kloster gefahren.

Das war eine ganz besondere und neue Erfahrung für uns. Wir nahmen uns Zeit, um in der Stille einen Bibelvers, ein Kirchenlied oder eine Ikone zu betrachten, und waren fasziniert, wie viel Tiefe und bewegende Gedanken zu sprechen beginnen, wenn man selbst den Mund hält und nicht jeden Gedanken sofort ausspricht.

Ich habe an diesem Wochenende sehr viel aufnehmen können, weil ich geschwiegen habe und nicht gleich alles zerredet habe. Auch beim Essen wurde geschwiegen. Ich war überrascht, wie viel auch dort ein Mensch aufnehmen kann, wenn er bereit ist, sich auf das Schweigen einzulassen.

Als die Jünger einmal Jesus bitten, ihnen das Beten beizubringen, sagt Jesus in Matthäus 6: „Wenn ihr betet, sollt ihr nicht sein wie die Heuchler, die gern in den Synagogen und an den Straßenecken stehen und beten, damit sie von den Leuten gesehen werden. Wahrlich, ich sage euch: Sie haben ihren Lohn schon gehabt. Wenn du aber betest, so geh in dein Kämmerlein und schließ die Tür zu und bete zu deinem Vater, der im Verborgenen ist; und dein Vater, der in das Verborgene sieht, wird dir's vergelten. Und wenn ihr betet, sollt ihr nicht viel plappern wie die Heiden; denn sie meinen, sie werden erhört, wenn sie viele Worte machen. Darum sollt ihr ihnen nicht gleichen. Denn euer Vater weiß, was ihr bedürft, bevor ihr ihn bittet."

Beim Beten nicht plappern wie die „Heiden und die Heuchler". Das finde ich aber wirklich schade! Wie gerne höre ich mich eigentlich reden und auch beten. Wie schön ist es doch, in den höchsten Psalmtönen den Herrn Gott Zebaoth und alle Cherubim in der Versammlung der Heiligen zu loben. Wie oft beten wir dann und schauen darauf, was die anderen dazu sagen? Die wohlgeformten Worte in der Gemeinschaft, die dem Beter besser gefallen als Gott und in allen anderen den Neid aufsteigen lassen, weil sie nicht so gut beten und nicht so schöne Worte formulieren können.

Beten ist keine Sache des Mundes. Es geht hier nicht darum, Gebetsformen zu beurteilen. Jede

Gebetsform hat ihre eigenen Grenzen und ihre eigenen Stärken.

Ich liebe das freie Gebet. Mit eigenen Worten mit Gott wie mit einem Freund zu sprechen.

Ich liebe formulierte Gebete. Gebete, dir mir aufhelfen, wenn mir selbst Worte fehlen.

Ich liebe die Psalmen, die mit mir in mein dunkles Tal hinabsteigen. Die meine Sorgen und meinen Kummer verstehen und mir helfen, dafür Worte zu finden, und die mich dann bei der Hand nehmen und aus dem Tal führen und sagen lassen: Weil ich in der Rückschau erkenne, dass du ein guter Gott bist, weiß ich auch, dass du mir wieder helfen wirst.

Und ich liebe es, vor Gott zu schweigen.

Ich glaube, wir wollen oder wir können manchmal Gott gar nicht hören, weil wir ihn nur zuquasseln.

Sören Kirkegaard schreibt: „Als mein Gebet immer andächtiger und innerlicher wurde, da hatte ich immer weniger zu sagen. Zuletzt wurde ich ganz still. Ich wurde, was womöglich noch ein größerer Gegensatz zum Reden ist, ich wurde ein Hörer. Ich meinte erst, Beten sei Reden. Ich lernte aber, dass Beten nicht bloß Schweigen ist, sondern Hören. So ist es: Beten heißt nicht sich selbst reden hören. Beten heißt: still werden und still sein und warten, bis der Betende Gott hört."[15]

Herz, Hirn und Herr

In meiner Arbeit als Diakon erlebe ich das Leben im vollen Ausmaß. „Gott sei Dank" nicht nur an den Grenzen des Lebens, sondern auch in den schönen Momenten.

Im vorletzten Sommer hat mein ältester Bruder geheiratet. Zwei Dinge hatte er sich von mir gewünscht. Der erste Wunsch, ich sollte die kirchliche Trauung halten. Der zweite Wunsch, ein großes Feuerwerk in der Nacht.

Mein Bruder kennt mich. Er wusste, dass ich ihm gerne beide Wünsche mit großer Leidenschaft erfüllt hätte. Leider bekamen wir für das Feuerwerk keine Genehmigung. (Merke: Es ist leichter, eine evangelische Trauung in einer katholischen Basilika zu feiern, als ein Feuerwerk in einem Naturschutzgebiet abzufeuern. Wer hätte das gedacht!) Nun gut, zumindest den ersten Wunsch konnte ich ihm erfüllen. Meine Schwägerin in spe – oder „Prinzessin", wie mein Bruder sie auch heute noch nennt – hat sich eine lustige Predigt gewünscht.

Ich selbst bin nun über acht Jahre verheiratet und wollte keine klugen Ehe-Tipps in der Predigt geben. So habe ich ihnen drei „H" gewünscht, denn ich bin mir sicher, dass diese 3 „H" aneinandergereiht viel Freude in den Ehealltag bringen (H-H-H):

Liebes Brautpaar, wenn man viele Männer und Frauen befragen würde, wie glücklich sie in ihrer Ehe sind, dann wird es wohl ganz unterschiedliche Tipps geben. Die einen werden euch wohl euphorisch beglückwünschen, die anderen ermahnen und der Rat der Dritten ist, euch davon abzuraten. Ich möchte euch keine klugen Tipps, keine Rezepte, keine „So klappt es ganz bestimmt"-Worte mit auf den Weg geben, sondern vielmehr habe ich euch drei Wünsche mitgebracht, die euch in eurer Ehe begleiten und bereichern sollen.

Auf dem Weg zu diesen drei Wünschen begleitet uns der Text „Liebe ist eine Zaubermacht" von Eleni Adamidu[16]. Hier kommt der erste Teil: *„Liebe ist eine Zaubermacht. Sie kommt über zwei Menschen und führt sie in ihr Reich. Dort ist der andere vollkommen, und nichts ist wichtiger, als die Sehnsucht zu stillen, die sich immer wieder neu entfacht. Verliebte sind Rebellen, die im Duett glücklich auf Konventionen pfeifen."*

Das erste „H", das ich euch wünsche, ist das „Herz". Was wären Verliebte ohne das „Verliebtsein", ohne die Schmetterlinge im Bauch und ohne die rosa Wolken, auf denen man schwebt. Unsere Oma hat immer gesagt: „Liebe macht blind und frisst Dreck und Grind." Damit meinte sie sicher genau diese Phase der Partnerschaft. Würde es diese Phase nicht geben, kaum ein Paar würde sich langfristig binden. Eine Ehe lebt davon, den anderen immer wieder bestaunen zu können, begeistert zu sein, voll Bewunderung an den anderen zu denken und auch immer wieder die Dinge zu entdecken, die ausschlaggebend dafür waren, dass ihr euch ineinander verliebt habt. Ich wünsche euch immer wieder viel Herz, Leidenschaft und Liebe füreinander.

Doch das Herz allein wird wohl eure Ehe nicht zusammenhalten. Eleni Adamidu schreibt weiter: *„Liebe ist eine Zaubermacht. Doch der Zauber verfliegt. Und man hört eines Tages, dass das geliebte Wesen anders pfeift als man selbst. Ein Wendepunkt, denn dieser fremde Ton läutet das Ende des ersten Kapitels ein. Im zweiten Kapitel kommt der Alltag über zwei Verliebte und macht sie allmählich zu Streithanseln. Eigenschaften werden sichtbar, die man beim anderen nie vermutet hätte. Es geht um volle Mülltüten und offene Zahnpastatuben. Nichts ist wichtiger, als die eigenen Ansichten durchzusetzen. Ein Wendepunkt, denn der verachtende Ton läutet entweder das Ende dieser Liebe oder den Anfang des dritten Kapitels ein."*

Da das Herz manchmal lauter und manchmal leiser für den Partner schlägt, wünsche ich euch als zweites „H" „Hirn". Mögen die Verliebten noch so verliebt sein, die Schmetterlinge noch so flattern, irgendwann kommt der Tag, da erlischt das Gefühl des Verliebtseins, die Schmetterlinge verfliegen und das Rosa der Wolken wirkt irgendwie ausgewaschen. Da müssen Verliebte lernen, dass Liebe nicht nur den Blick durch die rosarote Brille meint. Dass Liebe meist anders ist, dass Liebe anders tickt, ganz anders, als wir das in Lifestylemagazinen vorgeführt bekommen. Dann wird es Zeit für die Sachlichkeit. Ihr werdet euch gleich das Eheversprechen geben. Da versprecht ihr euch „in guten wie in schlechten Tagen ..." zueinanderzuhalten, ein klares Ja zu finden und zu behalten. Dieses „Ja" ist unterschiedlich. Mal klar und deutlich, mal zweifelnd zögerlich. Manchmal auch ein klares Nein. Nein, ich werde aus Liebe jetzt nicht auf meinem Recht bestehen. Nein, ich werde aus Liebe nicht meinen Platz verlassen – auch wenn wir uns gerade in einer Krise befinden. Ich wünsche euch Hirn, um ein sachliches Ja und ein sachliches Nein zur rechten Zeit zu finden.

Eleni Adamidu kennt „die Liebe und das Leben", wenn sie schreibt: *„Im dritten Kapitel besinnen sich die Streithansel auf ihre Liebe und entdecken so deren Kraft. Aus jeder verfahrenen Situation führt sie hinaus, denn sie gibt ein, wie es weitergeht: mit Einsicht, Ausdauer, mit Mut ... Liebende sind Kämpfer, die entschlossen sind, die Liebe am Schlafittchen zu packen, wenn sie verfliegen will. Nichts ist wichtiger, als dass sie bleibt. Denn sonst geht alles – vielleicht – nur wieder von vorne los."*

Mein Schwiegervater hat an seinem 30. Hochzeitstag gesagt: „Heute geht der 30-jährige Krieg zu Ende!" Beziehung leben und Beziehung halten ist manchmal auch ein Kampf.

Auch wenn das unromantisch klingt. Wer nicht auch bereit ist, um seinen Partner zu kämpfen, der gibt die Beziehung auf. Aber das Ziel ist es, nicht gegeneinander, sondern miteinander zu kämpfen. Die Bibel beschreibt den Bund der Ehe mit den Worten, dass Menschen „ein Fleisch" werden. Das ist nicht nur ein schönes Bild für die Körperlichkeiten, sondern „ein Fleisch" heißt auch: „Deine Stärken sind auch meine Stärken – deine Schwächen sind auch meine Schwächen! Ich freu mich, wenn du dich freust! Ich leide mit dir, wenn du traurig bist!"

Aber das alles ist so leicht dahingesagt. Deshalb wünsche ich euch als dritten Wunsch, als drittes „H", den „Herrn". Ihr sagt heute „Ja" zueinander. Das habt ihr aber auch schon auf dem Standesamt getan. Heute sagt ihr noch mehr: „Ja, mit Gottes Hilfe!" Wenn ich mich mit euch heute über Liebe unterhalte, dann geht das nicht ohne Gott. In der Bibel heißt es: „Gott ist die Liebe, und wer in der Liebe bleibt, der bleibt in Gott und Gott in ihm" (1. Johannes 4,16).

Ich wünsche euch, dass ihr immer wieder euren Weg zu Gott findet und Gott als wichtige Kraftquelle für euer Leben entdeckt. Auf eure eigene Weise. Christen glauben, dass Gott Mensch geworden ist.

Jesus hat uns gezeigt, wie wir Menschen miteinander auskommen können: Er hat sich für den Menschen interessiert. Er hat den Menschen zugehört!

Ich wünsche euch, dass ihr euch immer wieder aufeinander einlassen und zuhören könnt. Jesus hat Menschen vergeben! Selbst am Kreuz sagt er: „Vater, vergib ihnen, denn sie wissen nicht, was sie tun!" Manchmal macht man Dinge in einer Beziehung, da weiß man anscheinend gar nicht, was man da tut – und schon gar nicht, was man dem anderen antut!

Ich wünsche euch, dass ihr immer wieder aufeinander zugehen und euch gegenseitig vergeben könnt, aber auch immer wieder den Mut aufbringt, euch beieinander zu entschuldigen! Jesus hat sich um die Lasten der Menschen gekümmert. Er sagte einmal: „Ich bin nicht gekommen, um mir dienen zu lassen – sondern um euch zu dienen!" Das kann man sicher schnell falsch verstehen!

Wenn es in der Ehe nur um die einseitige Erfüllung von Wünschen geht, dann wird einer von beiden wohl schnell frustriert den Bund verlassen. Deshalb wünsche ich euch, dass ihr als ein Fleisch immer ein offenes Auge, Ohr, Herz, Hirn habt, um herauszufinden, wo der andere gerade eure Hilfe und eure Unterstützung braucht!

So wünsche ich euch Herz, Hirn und den Herrn, der euch beide behütet, und darüber hinaus wünsche ich euch Freunde, die sich mit euch freuen können, wenn ihr „Hoch-Zeiten" und schöne Momente erlebt. Freunde, die euch zuhören, euch in Krisenzeiten stärken. Freunde, die euch ermutigen, zueinanderzuhalten in guten wie in schlechten Tagen. Amen.

FEUER!

Während meiner Ausbildung zum Diakon habe ich auch im Rahmen eines „Praktischen Jahres" eine Ausbildung zum Krankenpflegehelfer gemacht. Ein halbes Jahr war ich auf einer orthopädischen Station.

Meine „Freundin" auf der „Station 11" war Frau Nowack mit stolzen 96 Jahren. Frau Nowack war Langzeitpatientin und hatte sich in den vergangenen Monaten angewöhnt, nicht mehr auf die Klingel zu drücken, sondern laut „Hallo ... Halllooo ... Halllooooo" zu rufen. Dieses „Hallo" kam so oft und so lange (knapp 60-mal pro Minute), bis eine Schwester oder ein Pfleger zu ihr ins Zimmer kam.

Man glaubt gar nicht, was für eine Kondition alte Damen besitzen können. Nun war die Problemlage von Frau Nowack meistens auf den Wunsch beschränkt, mehr Süßstoff in ihren Kaffee zu bekommen oder einfach einen kleinen Plausch zu halten. Das wussten die Schwestern mit der Zeit und deshalb wurde ich immer zu Frau Nowack ins Zimmer geschickt. Wir verstanden uns sehr gut und deshalb hieß es dann auch bald: „Andi, deine Freundin ruft!"

Frau Nowack merkte irgendwann, dass nur noch ich erschien, wenn sie um Hilfe rief. Sie sprach mich darauf an. In meinem jugendlichen Leichtsinn riet ich ihr, doch einfach einmal den Hilferuf zu ändern. Ich war mir sicher, dass dann auch wieder Schwestern zu ihr kommen würden. „Rufen Sie doch das nächste Mal einfach ‚Feuer!'", riet ich ihr. Nein, das wollte sie nicht. Das ist doch nicht erlaubt.

Als ich ein paar Tage später gerade wieder auf die Station kam, um mich für meinen Dienst um-zuziehen, sah ich, wie gleich drei Schwestern auf einmal aus ihrer Teeküche in das Zimmer von Frau Nowack stürmten. Aus ihrem Zimmer hörte man einen eindrücklichen Ruf: „Feuer! Feeeuuueer! Feeeuuuueeeerrr!"

Wie sie auf diese Idee gekommen ist, so etwas zu rufen, konnte sich auf der Station 11 niemand erklären ...

Hören wir eigentlich noch die Hilfeschreie unserer Mitmenschen um uns herum? Dietrich Bonhoeffer träumt von Christen, die sich nicht mehr auf „fromme Worte" beschränken, wenn er fordert: „Wir brauchen ein erneuertes Christentum, denn unsere Welt ist mündig geworden.

In einer modernen Welt muss Religion vor allem ein Ziel haben: Wir müssen unsere Not und unser Leid teilen. Und damit auch das Leiden Gottes in ei-ner gottlosen Welt. Wir brauchen viel mehr als eine Religion der frommen Worte. Wir brauchen Glauben und in seinem Zentrum Jesus Christus.

Wahres Christentum heißt: Teile des anderen Schmerz. Wir können den Tag nicht voraussagen, an dem berufene Menschen das Wort Gottes wieder so aussprechen, dass sich die Welt darunter verändert und erneuert. Aber wenn dieser Tag kommt, wird es eine neue Sprache sein. Vielleicht ganz unreligiös, aber befreiend und wirklich erlösend. So wie die Sprache Jesu. Sie wird die Menschen entsetzen, entsetzen durch ihre Gewalt. Diese Sprache einer neuen Wahrheit verkündigt den Frieden Gottes mit der Welt."

Sind wir heute noch bereit, unsere Schmerzen gemeinsam zu teilen? Sind wir bereit zuzuhören – anstatt sofort zu reden? Sind wir bereit, gemeinsam Fragen zu stellen – ohne sofort Antworten zu geben? Leiden wir mit anderen Menschen, setzen wir uns zuerst zu ihnen „in die Grube" und trauern mit – ohne gleich Auswege vorzuschlagen? Nehmen wir andere Menschen mit ihrer ganz persönlichen Geschichte ernst?

Der mexikanische Schriftsteller Octavio Paz hat einmal kritisch formuliert: „Die Christen lieben ihre Nächsten nicht. Und sie lieben sie nicht, weil sie an den anderen nie wirklich geglaubt haben. Die Geschichte lehrt uns, dass sie ihn, wo sie ihm begegnet sind, bekehrt oder vernichtet haben."

In Jesaja 58,7–12 heißt es:

„Brich dem Hungrigen dein Brot, und die im Elend ohne Obdach sind, führe ins Haus! Wenn du einen nackt siehst, so kleide ihn, und entzieh dich nicht deinem Fleisch und Blut! Dann wird dein Licht hervorbrechen

wie die Morgenröte, und deine Heilung wird schnell voranschreiten, und deine Gerechtigkeit wird vor dir hergehen, und die Herrlichkeit des Herrn wird deinen Zug beschließen. Dann wirst du rufen und der Herr wird dir antworten. Wenn du schreist, wird er sagen: Siehe, hier bin ich. Wenn du in deiner Mitte niemand unterjochst und nicht mit Fingern zeigst und nicht übel redest, sondern den Hungrigen dein Herz finden lässt und den Elenden sättigst, dann wird dein Licht in der Finsternis aufgehen, und dein Dunkel wird sein wie der Mittag. Und der Herr wird dich immerdar führen und dich sättigen in der Dürre und dein Gebein stärken. Und du wirst sein wie ein bewässerter Garten und wie eine Wasserquelle, der es nie an Wasser fehlt. Und es soll durch dich wieder aufgebaut werden, was lange wüst gelegen hat, und du wirst wieder aufrichten, was vorzeiten gegründet ward; und du sollst heißen: ,Der die Lücken zumauert und die Wege ausbessert, dass man da wohnen könne'.

Ich habe mich zu Beginn des Buches mit Ihnen darüber unterhalten, wie wichtig es ist, zweimal in den Spiegel zu blicken. Einmal, um seine Gaben und Fähigkeiten zu entdecken. Daraus Mut und Kraft zu finden, um sich auch ein zweites Mal in die Augen schauen zu können und die Dinge anzunehmen, die mir nicht an mir gefallen.

Jakobus schreibt weiter:

„Denn wenn jemand ein Hörer des Worts ist und nicht ein Täter, der gleicht einem Mann, der sein leibliches Angesicht im Spiegel beschaut; denn nachdem er sich beschaut hat, geht er davon und vergisst von Stund an, wie er aussah. Wer aber durchschaut in das vollkommene Gesetz der Freiheit und dabei beharrt und ist nicht ein vergesslicher Hörer, sondern ein Täter, der wird selig sein in seiner Tat. Wenn jemand meint, er diene Gott, und hält seine Zunge nicht im Zaum, sondern betrügt sein Herz, so ist sein Gottesdienst nichtig. Ein reiner und unbefleckter Gottesdienst vor Gott, dem Vater, ist der: die Waisen und Witwen in ihrer Trübsal besuchen und sich selbst von der Welt unbefleckt halten. Denn das ist der wahre Gottesdienst ...“

Ich glaube, wenn wir entdecken, dass wir trotz unserer Schwächen angenommen und geliebt sind, dann können wir auch anderen Menschen diese Liebe weitergeben. Wem aufgeholfen wurde, der hilft auch auf.

Mein Freund Patrick ist sehr sportlich (das unterscheidet uns sehr!). Ich bewundere ihn dafür. Er klettert und fährt sehr gut Ski. Zu seinen Hobbys gehört auch Fahrradfahren.

Neulich war in München ein Vierundzwanzigstundenrennen. Er hatte mit Arbeitskollegen seit Monaten dafür trainiert. Zu viert kämpften sich viele Teams eben 24 Stunden lang im Olympiapark durch eine vorgegebene Strecke. Zu Beginn besuchten wir die Fahrer und jubelten ihnen beim Vorbeifahren zu – gingen aber dann auch bald wieder heim. Ich finde, selbst Menschen beim Sport zuzuschauen kann schon sehr anstrengend sein.

Kurz vor Schluss wollten wir natürlich wissen, wie das Rennen ausgehen wird, und kamen am anderen Tag wieder. Sichtlich ausgemergelt und abgekämpft strampelten die Fahrer ihre letzten Kilometer. Einer nach dem anderen fuhr nach vielen Stunden endlich über die Ziellinie. Bevor die Fahrer die Ziellinie überfahren konnten, musste allerdings ein bergiges Stück Wiese überwunden werden.

Plötzlich stürzte ein Fahrer und fiel hin. Er hatte sich bei dem Sturz sichtlich wehgetan. Die Zuschauer begannen im Takt zu klatschen. Selbst die gegnerischen Teams, die die letzten Stunden ihren Fahrern zugejubelt und sie zum Sieg angefeuert hatten, verbündeten sich und vergaßen plötzlich jeglichen Konkurrenzgedanken.

Langsam stand der verletzte Fahrer auf, nahm sein Fahrrad und trug es humpelnd bis zum Schluss. Stolz trug er es unter dem Jubel der Menge über die Ziellinie, um sich dort verarzten zu lassen.

Leiden wir mit anderen Menschen mit? Stützen wir andere Menschen, wenn sie unsere Hilfe brauchen? Oder macht es uns eher Freude, wenn Menschen um uns herum scheitern, weil wir selbst dann besser wegkommen?

Ich sehne mich nach Menschen, die nicht mit dem Finger zeigen, wenn Menschen fallen, sondern die bereit sind, „Fallende" aufzufangen.

Ich wünsche mir Menschen, die anfangen, Gefallene wieder aufzubauen und zu motivieren!

Ich sehne mich nach Gemeinden, die wieder wissen, dass sie eine Gemeinschaft aus „begnadigten Sündern" sind.

Sören Kierkegaard schreibt über „Das Leben der Christen": *„Die Christen leben wie Gänse auf einem Hof. An jedem siebten Tag wird eine Parade abgehalten, und der beredsamste Gänserich steht auf dem Zaun und schnattert über das Wunder der Gänse, erzählt von den Taten der Vorfahren, die einst zu fliegen wagten, und lobt die Barmherzigkeit des Schöpfers, der den Gänsen Flügel und den Instinkt zum Fliegen gab. Die Gänse sind tief gerührt, senken in Ergriffenheit ihre Köpfe und loben die Predigt und den beredten Gänserich. Aber das ist auch alles. Eines tun sie nicht – sie fliegen nicht, denn das Korn ist gut und der Hof ist sicher."*

Wie leicht kann man kritische Worte sagen, und wie schwer ist es doch, selbst danach zu leben? In meiner Gemeindearbeit begegnen mir auch viele gescheiterte Existenzen. Einer davon ist „DJ Lothar". Ein Landstreicher, geschätzte siebzig Jahre alt, der mich von Zeit zu Zeit besucht und mir so manchen Ärger beschert. Mal reißt er die von der Pfarrfrau liebevoll eingepflanzten Blumen in der Schale vor unserem Pfarramt aus, um sie anderen Menschen zu schenken. Mal putzt er ungefragt das Rad meiner Frau, das nachher dann dreckiger ist als zuvor.

Seine Besuche begannen vor vielen Jahren. Und so haben wir schon viel miteinander erlebt. Ich war immer sehr traurig nach seinen Besuchen in meinem Büro. Er kam und ging. Er kam traurig und ging traurig. Ich zog alle geistlichen, diakonischen und seelsorgerlichen Register – musste aber immer wieder feststellen, dass ich ihm eigentlich nicht wirklich helfen konnte. Das schmerzte. Und trotzdem hatten wir so manche netten kleinen Erlebnisse.

Einmal entdeckte er mein Keyboard in meinem Büro. „Los, Pfarrer Andi!", sagte er überraschenderweise einmal gut gelaunt, „heute machen wir Musik!" Wir sangen, was uns vor die Flinte kam. Von „Großer Gott, wir loben dich" bis „Hoch auf dem gelben Wagen".

Ich nahm seinen Gesang in den Computer auf und bastelte ein kleines Playback dazu. Stolz ging er an diesem Tag mit einer selbst gebrannten eigenen CD aus meinem Büro.

Ein anderes Mal grillten wir mit Freunden in unserem Hinterhof. „DJ Lothar" kam vorbei und wir luden ihn ein. Es kamen noch einige weitere „Zaungäste" von der Straße und es wurde ein bunter Abend. Ein Obdachloser spielte auf der Ziehharmonika Lieder, ein anderer rezitierte nicht mehr ganz nüchtern Gedichte. Was für eine besondere Sommernacht.

Am nächsten Morgen steckte in unserem Briefkasten eine abgerissene Rose und ein zerfleddertes Papier, in dem „DJ Lothar" uns mit kritzeliger Schrift für den Abend dankte. Ich nahm diese zerfledderte Rose mit und stellte sie im Gottesdienst auf den Altar. Ich glaube, es war der schönste Altarschmuck, den Gott jemals auf einem Altar gesehen hat. Das hört sich jetzt alles sehr romantisch an. Ist es aber nicht.

Neulich schrie mich „DJ Lothar" auf unserem Gemeindefest an, als ich ihm eine Apfelschorle und etwas zu essen brachte: „Hey, du Arsch, gib einem Alkoholiker keine Apfelschorle zu trinken." Später wollte er sich mit einem Handschlag verabschieden. Die schmutzigen Hände, die er nicht nur als Taschentuch benutzte, der Gestank von einem Menschen, der sich nicht wäscht, ging mir auf den Magen. Ich musste würgen. Beschämt wendete ich mich ab.

Die Schöpfung „stöhnt und ächzt", schreibt Paulus (Römer 8,22), und sehnt sich nach Erlösung. Wir sind halt beide nicht perfekt. Nicht hier und nicht jetzt. Und doch gilt es, nicht einfach aufzugeben. Weiterzujagen nach dem Guten und Gerechten. Verantwortung wahrzunehmen. Das Kleine, das Kaputte, das Unscheinbare, das Weggeworfene nicht für nichtig zu achten und so immer wieder die kleinen und doch so heilsamen Geschichten zu entdecken, die Gott mit Menschen schreibt. Mitten in einer heillosen Welt.

Runter von der Palme!

Ich möchte ehrlich zu Ihnen sein. Ich bin ein neidischer Mensch. Besonders neidisch bin ich auf die Menschen, von denen die Bibel erzählt. Menschen, die große Erfahrungen mit Gott gemacht haben. Noch neidischer bin ich auf die Menschen, die in den vier Evangelien zu finden sind. Also die Menschen, die Jesus persönlich begegnet sind. Sie kennen sicher so manche dieser Geschichten. Viele könnte man aufzählen.

Da gibt es Petrus. Ein verrückter Kerl. Große Klappe und schnell eine blutige Nase geholt. Und da ist Zachäus. Er ist ein klassisches Randprodukt der Gesellschaft. Keiner will was mit ihm zu tun haben. Ein sehnsüchtiger Mensch. Eigentlich hat er alles. Sein Job als Zöllner ermöglicht es ihm, immer auch was in die eigene Tasche zu stecken und sich an seinen jüdischen Kollegen zu bereichern. Obwohl es ihm finanziell gut geht, sehnt er sich nach mehr.

Eines Tages hört er, dass Jesus in die Stadt kommt. Das ist klar, da muss er hin! Und er läuft zum Marktplatz, um Jesus sehen zu können. Leider ist Zachäus recht klein, also klettert er auf einen Baum, und da sieht er schon von weitem, wie Jesus kommt. Sein Wunsch wird wahr – ihm würde es schon reichen, Jesus nur einmal zu sehen. Aus der Distanz den Messias zu beschnuppern – vielleicht, um einfach auch nur mitreden zu können.

Aber die Geschichte geht ganz anders aus. Jesus wird unter dem Baum, auf dem Zachäus ist, stehen bleiben und sagen: „Zachäus, komm runter von deinem Baum! Ich möchte heute bei dir zu Gast sein!"

Wir spielen einfach mal so, als ob Zachäus sich auf einer Palme verkrochen hätte. Es war ein Maulbeerbaum – ich weiß! Aber wir spielen doch nur so: Das ist für mich die Botschaft Jesu: „Komm runter von deiner Palme, auf der du dich verkrochen hast!" Ich wünsche mir, dass Gott zu mir sagen darf: „Andi, komm runter von deiner Palme! Komm runter von der Palme Menschenfurcht. Komm runter von der Palme, auf der du dich verkrochen hast, weil du meinst, du könntest es keinem Menschen recht machen. Komm runter!" Ich sehne mich nach diesen Worten!

Auf welcher Palme sitzen Sie? Vielleicht ist es die Palme der Angst, die Zukunft ist ungewiss. Keiner weiß, was uns der Morgen bringt. Gott kommt in unsere Ungewissheit und schenkt uns Mut! Vielleicht ist es die Palme des Kummers, der verstorbene Ehemann, die Ehescheidung, die Krankheit, die Arbeitslosigkeit, der Hunger in der Welt. Gott kommt in unseren Kummer und er tröstet uns!

Vielleicht ist es die Palme der Enttäuschung – so oft hat man zu Gott gebetet, ihn angefleht – und nichts ist passiert. Gott schweigt scheinbar. Gott bricht sein Schweigen! Er wird Mensch, er wird sichtbar und greifbar für die Menschen. Gott lässt auf Versprechungen Taten folgen! Vielleicht ist es die Palme der Versuchung und der Schuld – Gott kommt, um uns von unserem Ballast zu erlösen!

Oder ist es die Palme der Unwürdigkeit? Schließlich war man so lange nicht mehr in der Kirche. Jetzt will Gott bestimmt nichts mehr mit einem zu tun haben! Gott kommt zu Gerechten und Ungerechten! Zu Alten und Jungen, zu Schlauen und Dummen, zu Dicken und Dünnen – zu allen!

Bei anderen wiederum ist es vielleicht die Palme der Selbstgerechtigkeit. Man war jeden Sonntag in der Kirche, war immer präsent, hat sein Leben fromm gelebt – vielleicht schon so fromm, dass man das kleine, schäbige Kind in der Krippe doch nicht nötig hat. Gott kommt auch zu Frommen, zu Erfolgreichen, zu Gewinnertypen, zu Besserwissern und Schlaumeiern, zu Rechthabern und Selbstbewussten. Er schenkt sich allen!

Kommen Sie runter von Ihrer ganz persönlichen Palme! Öffnen Sie sich für Gottes gute, befreiende

Liebe! Gottes Botschaft lautet: „Ich möchte heute bei dir, in deiner Familie, in deinem Beruf, in deinem Leben, in deinem Herzen zu Gast sein! Und so möchte ich dein Leben hell machen."

Jesus sagt nicht zu Zachäus: „Komm, wir gehen jetzt in den Tempel, und ich zeig dir, wie man so richtig anbetet!" Er will zu Zachäus nach Hause. Er will sein Gast sein.

Ich wünsche mir, dass Gott mich auch zu Hause besuchen darf. Und ich wünsche mir, dass ich nicht alles schön aufgeräumt habe. (Wer mein Büro kennt, der weiß, was das bedeutet!) Ich wünsche mir, dass Gott mich auf die liegen gebliebenen, ungewaschenen, unreflektierten, unsortierten und unaufgearbeiteten Dinge in meinem Leben ansprechen darf.

Ich hoffe, ich freue mich auf diesen Besuch, und ich hoffe, ich habe nicht aufgeräumt! Ich hoffe, ich habe nicht alles ordentlich gemacht für diesen Gast und es ist nicht alles blitzblank geputzt. Ich wünsche mir, dass es der gleiche Verhau ist wie sonst auch. Und ich wünsche mir, dass dieser Gast – mein Gast – mit mir über mein Leben sprechen darf.

Nicht allein ...

Im letzten Jahr bekam ich von der Hanns-Seidel-Stiftung den „Nachwuchspreis für Songpoeten" überreicht. Mit dem Preis war ein Auftritt bei „Songs an einem Sommerabend" in Bad Staffelstein verbunden. Ein Festival, bei dem sich die „Creme de la Creme" der Liedermacherei wie Reinhard Mey, Konstantin Wecker usw. jedes Jahr die Klinke in die Hand gibt. An zwei Tagen treffen sich hier jeweils knapp 5000 Leute auf einer großen Wiese vor einer Megabühne. Im Hintergrund, wenige Hundert Meter hinter der Bühne, das Kloster Banz.

Ich war der einzige Solokünstler bei den Nachwuchspreisträgern und fühlte mich schon arg auf mich alleine gestellt. Die Proben verliefen eigentlich recht gut. Die Leute waren alle sehr nett zu mir. Und trotzdem begannen Gedanken des Selbstzweifels an mir zu nagen: „Bin ich dafür überhaupt gut genug? Wie werden die Leute meinen Beitrag finden? Vielleicht buhen sie mich aus, wenn ich ihnen mit Glaubensthemen komme?"

Bei den Proben lernte ich Siggi von der Band „Irish-Steirisch" kennen. Eine lustige Band – ein lustiger, ein interessanter Kerl. Wir kamen ins Gespräch. „Weißt, ich bin ein gschlamperter Katholik", sagte er in seinem tiefen steirischen Dialekt. Er begann zu erzählen. Von seinen Konzertreisen, von geplatzten Engagements und von seinem Glauben.

Ich glaube, Siggi spürte meine Unsicherheit und so erzählte er mir eine Geschichte: Einmal hatte er ein Konzertengagement in Israel. Er kam mit einer anderen Musikerin ins Gespräch. Sie war Jüdin. Sie sprachen über ihren Glauben und kamen beide zu dem Schluss, dass das Schöne an ihrem Glauben sei, dass man mit einem persönlichen Gott reden könne.

„Machst du das auch? Betest du?", fragte er seine Kollegin. Und sie erzählte ihm, dass sie jeden Morgen aufstehe und Gott frage, wie dieser Tag wohl werden würde.

Siggi war erstaunt und wollte wissen, ob denn Gott dann auch antworten würde. Die Frau bejahte die Frage. „Und? Was sagt er dir dann?" Die Musikerin gestand: „Meistens sagt er: Dieser Tag wird beschissen, aber is jo eh wuarscht, i bin jo eh bei dir!" (Eine Übersetzung für unsere hochdeutschen Freunde: „Mein liebes Kind, dieser Tag mag möglicherweise nicht nach deinen Vorstellungen verlaufen! Aber sei getrost und unverzagt, ich werde nicht von deiner Seite weichen!")

Beflügelt von dieser Geschichte gingen wir beide Richtung Bühne, da wir bald unsere Auftritte hatten. Dann war ich an der Reihe. Ado Schlier moderierte mich als den „singenden Diakon" an. Als ich auf die Bühne ging, fingen die Glocken des Klosters an zu läuten. Die Leute lachten, und ich wusste, ich bin nicht allein.

Lass uns leben

Dieser Abend schmeckt nach Sommer
und dieses Lied nach Sinnlichkeit.
Wieder siegt der Duft der Blumen
und eine Wärme macht sich breit.

Wer jetzt nicht lebt,
wird niemals leben,
denn Leben ist nicht monoton.
Und Leben meint nicht drüber reden –
Leben heißt, es endlich tun.

Lass uns leben – für immer leben.
Zumindest jetzt für den Moment.
Lass uns lieben – für immer lieben.
Bis uns wirklich nichts mehr trennt.

Der Himmel kennt heut keine Wolken
und mein Herz kennt keinen Groll.
Es überwiegen satte Farben –
schwerelos und wundervoll.

Wer jetzt nicht tanzt – wird nie mehr tanzen,
denn Tanzen hemmt die Traurigkeit
und überwindet die Distanzen
von hier, ab jetzt, in eine andre Zeit.

Komm, wir sehn die Welt mit andern Augen,
leben ein Stück für den Moment.
Diesen Schatz kann uns keiner rauben,
denn ihn behält das letzte Hemd.

Text und Melodie: Andi Weiss, CD: „liebenswürdig",
© Gerth Medien Musikverlag, Asslar

Löwin mit Leidenschaft

Zu meinem Leben gehört auch meine Frau Martina
– für mich keine gewöhnliche Frau. Ich habe meiner Frau ein Lied geschrieben. Wer meine Frau
kennt, der weiß, warum ich das Lied „Löwin mit
Leidenschaft" genannt habe.

Wir haben uns beide im Jahr 2000 kennengelernt. Als wir ganz frisch ein Paar wurden, sagte eine
befreundete Psychologin zu uns: „Ich kenne kein
Pärchen, das besser zusammenpasst als ihr beide!"

Meine Güte, das steigerte die Anzahl der Schmet-
terlingsflügelschläge in unserem Bauch enorm.

„Wollt ihr denn auch wissen, warum?", fragte
sie.

Natürlich wollten wir das wissen.

„Ich kenne keinen Mann, der es mit Martina
aushalten würde, und keine andere Frau, die es mit
dem Andi aushalten würde!"

Das war dann nicht mehr ganz so romantisch.

Kein Jahr später sind wir dann diesen „Notbund"
eingegangen. Als Trauspruch haben wir aus 2.
Timotheus 1,12 gewählt: „Denn ich weiß, woran ich

glaube, und ich bin gewiss, er wird mir bewahren, was mir anvertraut ist."

Ach so, ein kleiner Nachtrag sei noch gesagt: Eigentlich mag es meine Frau nicht, wenn ich ihr Lieder schreibe – schon gar nicht, wenn ich diese Lieder bei Konzerten singe oder sie auf CDs presse. Ich habe dieses Lied das letzte Jahr auch nur bei Konzerten gespielt, wenn mir das Publikum versprochen hat, davon nichts meiner Frau zu erzählen.

Gar nicht so einfach, denn jetzt ist das Lied auf der CD „liebenswürdig" gelandet. Aber inzwischen steht meine Frau morgens im Bad und singt: „Mit mir wird ein Wunder wahr! Ich bin einfach wunderbar ..." Ich sag's Ihnen: eine tolle Frau!

Löwin mit Leidenschaft

Rosarote Brill'n warn noch nie unsers,
und wir beide wissen,
Schmetterlinge kommen und gehn.
Was Liebe heißt, hast du mir längst bewiesen,
was Treue heißt, das kann man bei dir sehn.

Weil man mit dir lachen kann und auch weinen,
freu ich mich, dass es dich gibt.
Weil wir wissen, wie ernst wir's mit uns meinen,
singe ich dir dieses Lied.

Mit dir wird ein Wunder wahr.
Du bist einfach wunderbar.
Für mich bist du perfekt gemacht.
Wer hat sich das nur ausgedacht,
dass wir zwei gemeinsam gehn,
im größten Sturm der Welt bestehn,
das stärkt mich, gibt mir Kraft,
Löwin mit Leidenschaft.

Ich bewundre deine vielen Gaben.
Du fühlst dich so gut in mich ein.
Du hast das, was andere nicht haben.
Das kann doch nur die Leidenschaft
meiner Löwin sein.

Weil wir streiten können, bis die Fetzen fliegen,
und doch immer wieder unser Lachen siegt.
Weil wir wissen, dass wir uns beide lieben,
singe ich dir dieses Lied.

Text und Melodie: Andi Weiss, CD: „liebenswürdig",
© Gerth Medien Musikverlag, Asslar

Personenschaden im Advent

Manchmal reise ich zu Konzerten oder Sitzungen mit dem Zug. Zugfahren begeistert mich. Nicht immer – aber manchmal. Man kann dort immer viel besser arbeiten als im eigenen Büro. Besonders auf Strecken, in denen ein Tunnel nach dem anderen kommt und mein Handy keinen Empfang hat, genieße ich die Möglichkeit, konzentriert an einer Arbeit dranzubleiben.

Manchmal verzögert sich die Fahrt. Wie neulich. Wir waren gerade erst vor zwanzig Minuten aus dem Münchner Bahnhof losgefahren. Da blieb der Zug stehen. „Personenschaden – die Weiterfahrt verzögert sich auf unbeschränkte Zeit." Handys wurden um mich herum gezückt, Bewerbungsgespräche und Sitzungen verschoben oder abgesagt. Der schnaufende Schaffner hetzte durch die Waggons, um die Leute zu beruhigen.

Irgendwann hatten wir über sechzig Minuten Verspätung. Der Schaffner wurde gelassener. Seine Organisation der Züge schien sowieso nicht zu klappen. Resigniert stand er mitten im Abteil und sagte zu einem unsichtbaren Fahrgast: „So ist das immer in der Weihnachtszeit. Je näher das Fest der Liebe kommt, umso einsamer werden die Leute, und so viele werfen sich dann vor den Zug."

Laut Statistik passiert so ein „Personenschaden" jedem Lokführer zweimal in seinem Dienst. Die Worte des Zugbegleiters wirkten in den Sitzen nach und es entstanden angeregte Gespräche.

Mir gegenüber saß ein Mann, der nun von „Cordelia" zu erzählen begann. Sie war damals in seiner Klasse. Jeder wusste über sie Bescheid. Die Mutter arbeitete als Prostituierte und der Vater soff den ganzen Tag. Oft kam Cordelia mit einem traurigen Gesicht in die Schule – manchmal auch mit einem blauen Auge. In der Schule interessierte sich keiner für sie – wie so oft. Wer strahlt, hat Leute um sich – wer traurig ist, wird gemieden.

„Irgendwann hatte Cordelia keine Kraft mehr und warf sich auch vor einen Zug. Und das alles nur, weil sie niemanden hatte, der sie geliebt hat", beendete der Mann seine Erzählung.

Mich bewegte das Fazit der Geschichte: „Und das alles nur, weil sie niemand hatte, der sie geliebt hat!"

Wie oft stehen Menschen am Grab eines Angehörigen und müssen feststellen, dass sie es über viele Jahre hinweg verpasst haben, diesem Menschen etwas Gutes zu tun und zu sagen. Doch dann ist es zu spät.

Die deutsche Schriftstellerin Kristiane Allert-Wybranietz bittet: „Auf dem Friedhof sehe ich Gräber, schön gepflegt mit Blumen und Sträuchern. Lasst mein Grab verwildern und gebt mir zu Lebzeiten die Blumen."

Gott hält uns – aber er ist kein Unterhalter

Ein kleines Mädchen hat einmal gefragt: „Sag mal, ist am Sonntag wieder Kinderbespaßung?" Sie hat damit unseren Kindergottesdienst gemeint.

Ich befürchte, dass wir – die wir keine Kinder mehr sind – manchmal auch Kirche, Gemeinde, Glaube und Gottesdienst als „Bespaßung" sehen. Dabei verlieren wir unsere eigentliche Aufgabe, die wir als Christen haben, aus dem Blick.

In seinem Bestseller „Timeline" lässt der Autor Michael Crichton einen Wissenschaftler eine Zeitmaschine erfinden. Um dieses Projekt zu finanzieren, hält der innovative Professor Robert Doniger eine Rede vor einflussreichen Geldgebern. Damit er diese von seinem Vorhaben überzeugen kann, bringt er die Bedürfnisse unserer gegenwärtigen Gesellschaft messerscharf auf den Punkt: *„Heutzutage erwartet jeder, unterhalten zu werden, und zwar die ganze Zeit unterhalten zu werden. Geschäftliche Konferenzen müssen spritzig sein, mit sofort verständlichen*

Diagrammen und animierten Grafiken, damit die Manager sich nicht langweilen. Einkaufszentren und Geschäfte müssen fesselnd sein, damit sie uns nicht nur etwas verkaufen, sondern uns auch amüsieren. Politiker müssen TV-Charisma besitzen und dürfen uns nur erzählen, was wir hören wollen. Schulen müssen darauf achten, dass sie die jungen Leute, die an das Tempo und die Vielfalt des Fernsehens gewöhnt sind, nicht langweilen. Studenten müssen unterhalten werden, oder sie wechseln: Marken oder Programme, Partys oder Loyalitäten. Das ist die intellektuelle Realität der westlichen Gesellschaft am Ende unseres Jahrhunderts. In anderen Jahrhunderten wollten die Menschen errettet oder geläutert, befreit oder erzogen werden. In unserem Jahrhundert wollen sie unterhalten werden. Die große Angst ist nicht die vor Krankheit oder Tod, sondern die vor Langeweile. Vor dem Gefühl, Zeit zur Verfügung, aber nichts zu tun zu haben. Vor dem Gefühl, sich nicht zu amüsieren."[17]

Dietrich Bonhoeffer hat das Wort „Bespaßung" einmal anders formuliert. Er schreibt: „Unsere Kirche, die in diesen Jahren nur um ihre Selbsterhaltung gekämpft hat, als wäre sie ein Selbstzweck, ist unfähig, Träger des versöhnenden und erlösenden Wortes für die Menschen und für die Welt zu sein. Darum müssen ihre Worte kraftlos werden und verstummen. Unser Christsein wird heute nur in zweierlei bestehen: im Beten und im Tun des Gerechten"[18]

Leben wir unseren Glauben nur zum Selbstzweck?

„Christsein" hat keinen Selbstzweck! Christen haben die Aufgabe: „Träger des versöhnenden und erlösenden Wortes für die Menschen und für die Welt zu sein!" Aber anstatt diese Aufgabe zu übernehmen, konzentrieren wir uns auf uns selbst. Wir graben ein Wehwehchen nach dem anderen aus, nur um nicht zum Diener anderer Menschen werden zu müssen. Und so werden wir zu Manta-Christen!

Wissen Sie, was Manta-Christen sind? Vielleicht kennen Sie noch die tollen Autos und natürlich ihre Besitzer – zumindest von Witzen, die darüber gemacht werden. Da wird an dem Auto rumgebastelt „bis zum Gehtnichtmehr". Neudeutsch heißt basteln heute ja „tunen"! Da kommt ein schöner Fuchsschwanz an die Antenne. Breitere Reifen. Das Auto wird „tiefergelegt". Ein dickerer Auspuff. Ein überlautes Soundsystem. Auffälligere Farbe. Neue Felgen. Vielleicht sogar auch eine neue Beifahrerin. Alles wird aufgemotzt. Und es wird so lange daran herumgebastelt, bis der Autobesitzer so richtig zufrieden ist, weil er zu Hause ein absolut außergewöhnliches Gerät stehen hat – aber meistens entspricht das dann nicht mehr dem TÜV und darf im normalen Straßenverkehr nicht eingesetzt werden!

Klasse! Absolut vorbei an der eigentlichen Bestimmung!

Ich glaube, dieser Gefahr sind wir als Menschen und als Christen auch ausgesetzt! Wir basteln an uns, an unserem Glauben und an unseren Mitmenschen herum. Immer auf der Suche nach einem perfekten Glauben. Um „heiliger", „geheilter", „erlöster" oder was auch immer zu werden, anstatt so zu werden, wie ich von Gott gedacht bin. Anstatt anzunehmen, dass Gott mich annimmt. Anstatt mit Gott und mit meiner Last zu leben, anstatt mein Kreuz auf mich zu nehmen, Nachfolger zu werden und dadurch „Träger des versöhnenden und erlösenden Wortes für die Menschen und für die Welt zu sein"!

Dieses Wort beißt sich mit den Aussagen, die ich immer wieder höre. „Ich bin Christ, weil es Spaß macht!", hat neulich jemand in einer Gesprächsrunde gesagt.

Macht „Christ sein" Spaß?

In der Bergpredigt zählt Jesus einmal auf, wer sich im Leben freuen darf: „Freuen dürfen sich alle, die nur noch von Gott etwas erwarten – mit Gott werden sie leben in seiner neuen Welt. Freuen dürfen sich alle, die unter dieser heillosen Welt leiden – Gott wird ihrem Leid für immer ein Ende machen. Freuen dürfen sich alle, die auf Gewalt verzichten – Gott wird ihnen die Erde zum Besitz geben." Und so geht es noch einige Sätze weiter. Das hört sich ganz bestimmt nicht nach Spaß an.

Aber mal ehrlich, hört sich das nach der Realität an, in der wir leben? Die heutige Bergpredigt unserer

Gesellschaft lautet doch ganz anders: „Freuen dürfen sich alle, die wissen, wie man seinen Arbeitgeber betrügt – die falsch abgerechneten Überstunden werden ihnen ein schönes verlängertes Wochenende bescheren. Freuen dürfen sich alle, die die Macht haben, 1000 Arbeitsstellen zu streichen – und es auch tun –, sie werden sicher gut schlafen können mit dem Geld, das auf ihren Konten in Liechtenstein gutgeschrieben wird. Freuen dürfen sich alle, die sich nur um sich drehen und ihre eigenen Bedürfnisse befriedigen – sie werden es zu etwas bringen im Leben."

Nein, es ist oft genau anders. Die Menschen, die nur auf sich sehen – denen geht es gut!

Jeder Mensch hat Wünsche und Sehnsüchte, sie können ganz unterschiedlich sein. Wir sehnen uns nach Wärme, nach Zukunft, nach einem Zuhause, nach Beständigkeit. Haben Sie auch solche Wünsche?

Kennen Sie folgenden Witz: Da geht ein Mann an einem Strand entlang. Was entdeckt er? Nein, nicht die „Fußspuren im Sand" ... sondern eine Wunderlampe. Sie wissen schon, so eine wie bei Aladin.

Der Mann kennt das Märchen und reibt verträumt an der Lampe. Und wirklich, es funktioniert! Aus der Lampe kommt ein Flaschengeist.

Er macht einen müden Eindruck. Es ist ein sehr alter Flaschengeist. Der Geist klagt über sein hohes Alter und erzählt dem Mann: „Lieber Mann, du brauchst keine falschen Vorstellungen zu haben! Ich bin ein alter Flaschengeist und lebe in Altersteilzeit! Also hast du bei mir nur einen, nicht wie sonst drei Wünsche frei! Sorry! Tut mir echt leid!"

Der Mann überlegt nicht lange und sagt: „Ich wollte schon immer einmal nach Amerika, aber ich leide unter Flugangst! Ich wünsche mir von dir eine große, lange Autobahnbrücke, von hier über das große Meer nach Amerika!" Der Geist schüttelt den Kopf und meint: „Also das kannst du vergessen! Wie soll man denn von hier eine Brücke nach Amerika bauen! Man müsste tiefe Pfeiler ins Meer einlassen! Und wie viel Beton man dafür brauchen würde! Nein! Da musst du dir schon etwas anderes wünschen!"

Der Mann überlegt wieder nicht lange und erzählt freudestrahlend seinen genialen Wunsch: „Dann habe ich einen anderen Wunsch: Ich möchte endlich die Frauen verstehen können!"

Der Geist wird unruhig und hektisch fragt er den Mann: „Sag mal, diese Autobahnbrücke, soll die 4-spurig oder 6-spurig werden?" (Egal, wie ich diesen Witz bisher erzählt habe, es hat immer nur die halbe Gemeinde gelacht. Liebe Frauen, bitte denken Sie sich diesen Witz einfach umgekehrt! Dann können Sie vielleicht auch darüber lachen.)

Jesus begegnete auch immer wieder sehnsüchtigen Menschen. Ich denke dabei an den „reichen Jüngling", wie ihn Martin Luther in seiner

Bibelübersetzung nennt. Heute wäre das ein elternfinanziertes Muttersöhnchen, mit rosa Hemd, aufgestelltem Kragen, einem von Papa gesponserten Wagen. Er hat unendlich viel Taschengeld, seine Lebenserfahrung ist gleich null – aber er ist ein Besserwisser und Schlaumeier.

So Typen habe ich gefressen! Aber eigentlich sind es nette, sehnsüchtige Menschen. Wie wir alle ... Trotz Geld haben sie die gleichen Wünsche und Träume, die gleichen Sehnsüchte und Bedürfnisse.

Die Bibel erzählt uns, wie dieser junge Mann auf Jesus zuläuft; er rennt, er eilt, er kniet vor Jesus nieder, denn er trägt genau diese wichtige, voller Sehnsucht erfüllte Frage auf dem Herzen: „Guter Meister! Was muss ich tun, damit ich das ewige Leben bekomme?" Was muss in meinem Leben geschehen, damit ich eine Ahnung bekomme, was echtes Leben ist? Wer stillt meine Sehnsucht? Meinen Hunger nach echtem Leben?

Ich frage mich, was wohl in dem „reichen Jüngling" vor sich geht. Er hat alles erreicht! Er ist der Champion! Er ist fleißig, und das macht ihn erfolgreich! Aber Jesus durchschaut ihn. Und er speist ihn hart ab: „Tu nicht so fromm! Hör auf, mir zu schmeicheln! Keiner ist gut, außer Gott allein! Versuch dich nicht bei mir gut zu stellen! Du weißt doch, was du zu tun hast: Halte die Gebote!"

„Aber, Herr", entgegnet er, „das habe ich alles getan! Seitdem ich auf der Welt bin, halte ich alle

Gebote. Ich möchte doch eigentlich nur noch die Bestätigung von dir, dass ich im Grunde ein ganz besonders frommer und guter Mensch bin! Hey, Jesus, wenn du magst, kannst du mich mal als positives Beispiel in eine deiner Predigten einbauen!"

Was werden wohl die Jünger gedacht haben? Alle Gebote hat er gehalten! Er hat alles getan! Er ist ein frommer Kerl! Der eine oder andere der Jünger wird wohl neidisch oder sogar voller Selbstzweifel sein eigenes Leben angeschaut haben. So toll bin ich aber nicht! So einen frommen Lebensstil kann ich aber nicht vorweisen!

Jesus erkennt, dass sich der reiche Jüngling das „echte Leben" selbst erarbeiten will. Und er sieht, wie wenig sein scheinbar frommer Lebensstil mit seinem eigenen Leben zu tun hat: „Geh und verkaufe alles, was du hast, und verteile es unter den Armen!", sagt Jesus und Martin Luther ergänzt: „... denn daran, wo dein Herz hängt, das ist dein Gott!" Dort, wo deine Leidenschaft ist, das bestimmt dein Leben. Gott kennt uns! Er kennt unsere Wünsche! Er weiß, wie wir gestrickt sind. Wie wir denken und wie wir unser Denken leben, wie wir dadurch unseren Glauben leben. Er weiß um unsere eigenen Vorstellungen vom Leben, er weiß, wie träge und eigensinnig wir unser Leben gestalten.

Der Mensch ist ein Gewohnheitstier! Sören Kierkegaard mahnt: „Das Christentum ist bei den meisten keine Inbrunst mehr, sondern eine bequeme

Gewohnheit. Man hat das Christentum viel zu sehr zu einem Trost umgearbeitet und vergessen, dass es eine Forderung ist!"

Ich kenne das nur zu gut. Ich plane und denke. Ich erarbeite Konzepte und bitte Gott am Ende um seinen Segen und um Gelingen. Aber wo nehmen wir uns Zeit und fragen, was Gott von uns will?

In seinem Gedichtband „Ungewaschene Gebete" lässt Rudolf Otto Wiemer sozusagen einen „reichen Jüngling der Neuzeit" sein ganz persönliches Gebet vortragen: *„Hör dir das an, Gott, ich will heute mit dem Auto unterwegs sein, morgen schließ ich den Kaufvertrag ab, das neue Haus wird in zehn Monaten dastehen, dann ziehen wir ein, machen das dritte Kind, schicken das erste zur Schule, das Geschäft wird vergrößert, den Kompagnon schmeiße ich raus, kaufe das restliche Aktienpaket, übernehme den Vorsitz in der Waschmittelgesellschaft, wechsle die Freundin, der Bungalow ist fällig, die Gören springen mir von der Tasche, die Frau hat eine Operation, ich bin Generaldirektor, vielleicht Prostata, gut, wird repariert, man ist sechzig, Konzern gesund, rapide wächst das Grundkapital, imponierende Aussichten für die nächsten Jahre, Gott, ach was sag ich, für zwanzig – hör dir das an, Gott, und komme mir nur nicht in die Quere! Amen."*[49]

Bonhoeffer schreibt: „Wer Christus gefunden hat, der geht mit Freuden seinen Weg, der geht mit Freuden hin und verkauft alles, was er hat, und kauft die köstliche Perle. Wer den Weg Jesu nicht mitgeht, der wird traurig wie der reiche Jüngling. Wer sich dem Weg Jesu ganz anvertraut, der wird daran froh. Diese Freude bewährt sich auch im Leiden, das dieser Weg über uns bringen kann."

Was heißt das konkret für mein Leben? Sollen wir jetzt das Buch weglegen, losgehen und den Immobilienmakler anrufen, ob er nicht unser Haus verscherbeln könnte? Oder sollen wir unseren kompletten Hausstand für den Kirchenbasar spenden?

Wenn wir nun alle unser Hab und Gut verkaufen und den Armen geben, das wäre ja alles schön und gut – aber wir haben ja auch eine Verantwortung in unseren Familien.

Was heißt das also konkret für mein Leben? Verändert sich dadurch etwas bei mir? Ich möchte uns einmal ein paar herausfordernde Fragen stellen: Was bedeutet mir Gottes Ruf im Umgang mit meinem Geld? Wo jammere ich, weil andere mehr verdienen? Wo gehe ich verantwortlich mit meinem Gehalt, mit meinem Lohn, mit meinem Taschengeld um? Wo wird mein Geld in der Welt, in der ich lebe, dringend bzw. dringender gebraucht? Was bedeutet das für den Umgang mit meiner Zeit? Wo habe ich Gaben und Fähigkeiten, die dringend in meiner Gemeinde benötigt werden?

Was wäre, wenn wir anfangen würden, wirklich unser Kreuz auf uns zu nehmen und vor der Stillung unserer eignen Bedürfnisse nach Gottes Willen und

171

nach den Bedürfnissen unseres Nächsten zu blicken?

Ich treffe sehr oft auf Menschen, die nach dem Sinn und der besonderen Bedeutung in ihrem Leben suchen. Die darauf warten, dass sie in einem Blitzgewitter, einem Beben und einer donnernden Stimme ihre ganz persönliche Aufgabe direkt aus dem Himmel mitgeteilt bekommen.

Was wäre, wenn wir beginnen würden, mit offenen Augen und einem offenen Herzen unsere Umgebung wahrzunehmen?

Wie viele Menschen brauchen unsere Hilfe? Was wäre, wenn wir aufhören würden, auf „die bösen Politiker" oder auf „die langweilige Kirche", die ja in der Vergangenheit so viel falsch gemacht hat, zu schimpfen? (An dieser Stelle möchte ich mich noch einmal ausdrücklich für die Kreuzzüge entschuldigen.)

Was wäre, wenn wir mit den Nörgeleien aufhören würden? Wo kann ich als Mensch und als Christ Verantwortung im Umgang mit meinen Arbeitskollegen, meinen Freunden, meiner Familie, in der Nachbarschaft usw. wahrnehmen?

Wo möchte ich Friedenstifter sein? Wo braucht ein Arbeitskollege oder eine Arbeitskollegin mein Ohr, meine Nähe? Weiß ich denn überhaupt, wie es meinem Nachbarn geht? Wo kann ich „Christsein" nicht nur am Sonntagvormittag leben? Wo kann ich – auch wenn es schwerfällt – die Stimme gegen die Ungerechtigkeit erheben? Wo sind wir füreinander da, wenn Menschen an ihre Grenzen geraten? Wenn Gescheiterte unsere Hilfe brauchen? Wie schnell urteilen wir, zeigen mit dem Finger auf die Schuldigen und vergessen die guten Dinge, die diese Menschen auch getan haben? Die Bibel ermahnt uns, „... dass, wer Gott liebt, dass er auch seinen Bruder liebe!" (1. Johannes 4,21).

Wenn Bonhoeffer sagt: „Diese Freude bewährt sich auch im Leiden, das dieser Weg über uns bringen kann", dann schmecke ich aus diesem Satz gelebtes, echtes Leben. Die Geschichte vom „reichen Jüngling" geht traurig aus! Wir lesen: „Jesus gewann ihn lieb." Wir dürfen wissen, Gott hat uns lieb gewonnen! „Guter Meister!", spricht er Jesus an. Wie oft erlebe ich in der Seelsorge Menschen, die ihre Meister suchen, sich auf andere Menschen verlassen und jedem Rat blind folgen. Gefällt der Rat, wird er unreflektiert umgesetzt; passt er nicht in den Kram, wird sich ein neuer „Meister" gesucht. Meistens ist das eine nicht enden wollende Spirale der Unzufriedenheit. Die Leute grübeln über alles nach. Nur mit sich selbst setzen sie sich nicht auseinander. Das Ergebnis ist ein immer wiederkehrendes Schuldgefühl: „So kann Gott mich jetzt nicht mehr lieben! Mit mir kann Gott doch bestimmt nichts anfangen!"

Paul Gerhardt dichtet: „Nun, ich kann nicht viel geben in diesem armen Leben, eins aber will ich tun: es soll dein Tod und Leiden, bis Leib und Seele scheiden, mir stets in meinem Herzen ruhn."

Der reiche Jüngling geht traurig davon. Er kann und er will sich nicht von dem lösen, was ihn zurückhält, Jesus nachzufolgen. Das meint kein moralinsaures „Ab heute muss ich ein besserer Mensch werden, dann wird mich dieser Gott mögen!", sondern lassen Sie sich von dem ansprechen, der Sie kennt und der Sie liebt. Gott weiß um Ihre Gaben und Ihre Fähigkeiten. Gott hat Sie erschaffen und begabt. Und Gott beruft Sie. Investieren Sie sich. Geben Sie sich mit Ihren Gaben und mit all Ihrer Leidenschaft in die Momente des Lebens.

Halten Sie sich nicht bei den destruktiven Überlegungen auf, ob Sie heilig, nett, hübsch, liebevoll oder begabt genug sind. Sondern stellen Sie sich den Aufgaben des Lebens. In der Gemeinde, am Arbeitsplatz, in der Schule, in der Familie. Haben Sie Mut! Selbst wenn Sie glauben, Sie haben nichts zu geben, dann fangen Sie nur mit der kleinen aber alles entscheidenden Übung an, die uns Paul Gerhardt empfiehlt: „Lassen Sie den gestorbenen und auferstandenen Herrn in Ihrem Herzen ruhn", erinnern Sie sich an Ihre Taufe, tanken Sie dort am Kreuz Liebe und Frieden! Lassen Sie zu, dass Gott in Ihrem Leben Geschichte schreibt. Lassen Sie zu, dass Gott Ihnen Ihren persönlichen Wert zuspricht! Entdecken Sie, dass Sie wertvoll, geliebt, begabt und nicht zu ersetzen sind. Denn so unmöglich Ihr Leben auch gerade aussehen mag: Für uns Menschen mag vieles unmöglich sein, bei Gott aber ist nichts unmöglich! Genau diese Gewissheit wird uns selbst, die Menschen um uns und diese Welt, in der wir leben, verändern!

Keine Flucht

Manchmal reicht die Zeit nicht aus.
Du hattest so gut vorgelegt,
du wolltest hoch hinaus.
Manchmal, und das weißt du aus Erfahrung,
zählt nicht nur die Theorie,
da zählt auch deine Ahnung.

Manchmal ist es besser,
tief in sich zu sehn.
Und manchmal fällt es schwer,
so schwer, zu sich zu stehn.

Manchmal regnet es in dir,
da willst du lieber schnell wegsehn.
Manchmal gefällst du dir.
Manchmal ist der Sinn doch so versteckt,
und manchmal ganz euphorisch
scheint das Spiel fast zu perfekt.

Manchmal,
und das ist doch kein Geheimnis,
schwinden alle Farben,
wenn man zu lange allein ist.

Leben ist manchmal gefährlich
und manchmal richtig gut.
Manchmal ist man ehrlich
und manchmal fehlt der Mut.
Leben ist manchmal so steinig,
wenn man wirklich danach sucht,
und dennoch sind wir einig,
es lohnt sich keine Flucht.

Manchmal fehlt dir jedes Glück,
manchmal freust du dich.
Manchmal wünschst du dich zurück,
manchmal tanzt dein Herz.
An manchen Tagen und manchmal ist es
bis zum Rand gefüllt mit Klagen.

Manchmal,
und das wissen wir inzwischen,
ist das Leben kein Versteckspiel,
also lass dich mal erwischen.

Dann kommt in deine Nacht
diese eine Macht,
durch die du wieder heller siehst.
Und dann weißt du ganz sacht
und wohlbedacht,
es gibt keinen Grund mehr, dass du fliehst.

Text und Melodie: Andi Weiss, CD: „liebenswürdig",
© Gerth Medien Musikverlag, Asslar

Es wird nicht dunkel bleiben ...

Neulich waren wir bei Freunden zum Abendessen eingeladen. Es gab zur Begrüßung ein Glas Sekt und nach der leckeren bayerischen „Schweinshaxn" einen Schnaps. Einige Stunden später traten wir die Heimreise an.

Auf dem Weg nach Hause sahen wir schon von Weitem eine Polizeikontrolle. *Kein Problem – ich habe ein Glas Sekt getrunken, mehr nicht,* dachte ich. An den Schnaps hatte ich mich tatsächlich nicht mehr erinnert. Vielleicht, weil es nur ein ganz kleiner war?

Endlich waren wir an der Reihe. Ich kurbelte die Scheibe herunter und reichte dem Polizisten auf Nachfrage meinen Führerschein und die Wagenpapiere.

„Und? Haben Sie was getrunken?", fragte er mich.

„Ja", antwortete ich wahrheitsgemäß, „ein Glas Sekt – aber das ist jetzt schon einige Stunden her."

Der Polizist bohrte weiter: „Und haben Sie Drogen genommen?"

Ich weiß nicht, was das für ein Gen ist, das ich in mir trage. Aber solche Momente regen mich immer zu Aussagen an, deren Konsequenzen mein männliches Kleinhirn nicht sofort überblickt. So war meine Antwort: „Na, das ist noch länger her." Ich grinste.

Doofe Antwort – was jetzt kam, war klar: „Na, dann fahren Sie doch mal bitte rechts ran."

Und so durfte ich das erste Mal einen Alkoholtest absolvieren, der für mich natürlich keine weiteren Probleme mit sich brachte.

Es gibt Sätze, die bringen uns auf Trab – die machen uns Mut, die motivieren uns. Worte, die dann ihren Platz auf Kalenderblättern, Postern oder Teetassen finden. Und dann gibt es Sätze, die uns demotivieren und die uns auch noch den letzten Funken Hoffnung rauben. Worte haben eine besondere Fähigkeit – im Guten wie im Schlechten. Worte bestimmen, ja oder nein, gut oder schlecht, richtig oder falsch, jetzt oder nie. Worte können aufrichten und zerstören, heilen und kränken, ermutigen und niederschmettern, erlösen und verdammen und plötzlich den Spaß Ernst werden lassen.

Worte können ... Ach, was Worte alles können. In unseren Tagen wird so viel geredet. Alle reden! Politiker, Firmenchefs, Gewerkschaften, Lehrer, Eltern, Freunde, die Presse. Jeder redet. Über alles und jeden. Auch in Kirchengemeinden wird viel geredet. Im Zeitalter des Internets gibt es nichts Leichteres als Kommunikation: schnell – einfach –

weltweit! Mit der neuen Telefonflatrate 24 Stunden kostenlos ins Festnetz telefonieren. Das ist die neue Redefreiheit, auf die wir alle gewartet haben.

Ein Kommunikationswissenschaftler hat letztens von der „Inflation der Kommunikation" gesprochen. Es wurden wahrscheinlich zu kaum einer Zeit von uns so viele Worte gemacht. Leider sind viele dieser Worte aber meist nicht viel wert, weil es bei Aussagen und Versprechen bleibt und die Taten nicht folgen. Wie sieht es mit unserem Reden aus?

Wie viel Worte sind Angeberei? Wie viel Worte sind gut gemeint, nehmen aber ihr Gegenüber gar nicht ernst? Wie viel Worte gebrauchen wir, um andere von unseren Zielen zu überzeugen?

Wie viel Worte sind nur der Ausdruck unserer eigenen Wünsche – aber nicht unseres eigenen Lebens? Wie viel Worte davon sind Versprechungen und Aussagen, die Worthülsen bleiben? Klar, das werfen wir immer den Politikern vor – aber wie sieht es in unserem eigenen Leben aus? Wie oft besteht auch zwischen unserem Reden und unserem Handeln ein großer Unterschied!

Der fränkische Kabarettist Erwin Pelzig hatte einmal ein Programm mit dem Titel „Worte statt Taten". Das würde, glaube ich, auf viele Lebensbereiche unseres Lebens zutreffen. Aber ist das nur ein Problem unseres 21. Jahrhunderts? Schon Goethe tritt den leeren Versprechungen entschieden entgegen und fordert in seinem Faust: „Der Worte sind genug gewechselt, lasst mich auch endlich Taten sehn; indes ihr Komplimente drechselt, kann etwas Nützliches geschehn."[20]

Wenn wir jedes Jahr Weihnachten feiern, dann erinnern wir uns daran, dass Gott sein Versprechen wahr gemacht hat. Der Evangelist Johannes schreibt zu Beginn seiner Aufzeichnungen: „Das Wort wurde Fleisch und wohnte unter uns und wir sahen seine Herrlichkeit" (Johannes 1,14). Gott wird Mensch – er macht sich für uns Menschen greifbar und angreifbar – er hält, was er verspricht – er gibt sich hinein – er erhellt die Dunkelheit. Und so heißt es in Jesaja 8,23: „Es wird nicht dunkel bleiben über denen, die in Angst sind." Mitten in die Dunkelheit hinein scheint uns ein großes Licht. Das sind Worte, die nach Advent, nach Weihnachten schmecken: „Mache dich auf, werde licht, denn dein Licht kommt!" (Jesaja 60,1).

Und wie ist das mit unseren Worten? Halten wir das, was wir versprechen, ein? Oder bleiben unsere Worte leere Ankündigungen?

Meine Frau und ich fahren jedes Jahr im Sommer für ein paar Wochen nach Griechenland. Ein wunderbares Land. Einmal saßen wir in einer wunderschönen – natürlich blau-weiß gestrichenen – Taverne an einer noch schöneren Bucht. Vor uns Wein, Pita-Brot, Kalamari, Zaziki, Oliven, gebratener Feta-Käse. Einfach nur lecker. Gegenüber von uns ragte ein großer lang gezogener Berg über mehrere Kilometer in das Meer hinein. Ein brauner Hügel. Mehr nicht. Ob da Leute wohnen? Bestimmt nicht.

Mit dem Abendessen halten es die Griechen alle gleich: spät, lang und mit der ganzen Verwandtschaft. Wir haben zwar nicht unsere ganze Verwandtschaft im Urlaub dabei, aber genießen es auch, dann lange und ausgiebig zu speisen oder Schach zu spielen. Als es dunkel wurde, tauchte plötzlich auf dem „braunen Riesenhügel" ein einzelner kleiner Lichtpunkt auf. Da lebt wohl doch ein Mensch. Je später die Stunde, je dunkler es wurde, desto mehr Lichter kamen dazu. Irgendwann war dieses braune, hässliche, leblose Ding zu einem funkelnden Berg geworden, das einem geöffneten Schatzkästchen mit Edelsteinen glich.

So möchte ich lernen, als Christ und als Mensch zu leben. Unscheinbar – normal – präsent – mittendrin. Keine neunmalklugen Worte, keine ungebetenen Ratschläge geben. Aber wenn es dunkel wird im Leben der Menschen um mich herum, wenn es Nacht wird, wenn Schicksalsschläge und Schwierigkeiten kommen, dann möchte ich bereit sein, mit Menschen in ihrer Grube zu sitzen und mitzutrauern, um so ein glaubwürdiges und wirklich hilfreiches Licht der Hoffnung zu entzünden.

Es wird nicht dunkel bleiben

Hast in unsere dunkle Nacht dein Licht gebracht,
in Liebe an uns gedacht – und mit uns gewacht.
Hast dich in unsre Dunkelheit
als Mensch mit eingereiht;
ein Gott, der gern verzeiht – für alle Zeit.
Du bist das Licht, das die Nacht erhellt.
Licht der Liebe – komm, schein in unsre Welt!

Es wird nicht dunkel bleiben über denen,
die in Angst sind.
Und wer jetzt noch weint, der findet bei dir Trost.
Niemand muss traurig bleiben,
denn die Nacht ist längst vorbei.
Du kommst und schenkst uns Licht.
Dein Licht für unsre Welt.

Hast in unsre kalte Welt deinen Sohn gestellt,
der uns von dir erzählt, weil deine Hand uns hält.
Du nahmst unsre Schuld, voll Liebe und Geduld.
Voller Barmherzigkeit
machst du dein Herz uns weit.

Wie kann es anders sein, dass dieser helle Schein
unsere Nacht erhellt, und wir sind nicht allein.
Was kann mit uns geschehn,
wenn wir das Wunder sehn,
das wunderbar gemacht – Licht in unsrer Nacht.

Text und Melodie: Andi Weiss, CD: „Lichterglanz",
© Gerth Medien Musikverlag, Asslar

Kein lustiger Karfreitag

Vor ein paar Jahren wurde ich nach Finnland als Sprecher auf eine Osterkonferenz eingeladen. Am Karfreitag ging es mit dem Flieger von München nach Tampere.

Und da stehen wir nun. Schon von Weitem winkt uns eine Frau zu. Unsere Übersetzerin, wie sich herausstellt. Auf dem Weg zur Konferenzhalle erklärt sie uns ausführlich alle wissenswerten Dinge. Irgendwann sprechen wir dann auch das geplante Programm durch. Mein erster Predigteinsatz war für Karfreitagnachmittag angedacht. Stolz überreicht mir die Frau das aufwendig hergestellte Vierfarbprogramm. „Schau, Andi, und hier stehst du!", sagt sie in gebrochenem Deutsch. Sie zeigt auf mein Bild.

Gut, denke ich, *man hätte sicher auch ein schöneres Foto gefunden,* und lese mir die Beschreibung über mich durch (denn es ist immer sehr spannend, was Veranstalter für Informationen über einen finden – manchmal auch erfinden ...).

Ich bekomme einen Schreck. Unter meinem Namen steht als Berufsbezeichnung „Stand-up-

Kommikkiki" oder so ähnlich. Es ist Finnisch, aber man muss kein Finne sein, um zu ahnen, was das bedeuten könnte.

Auf meine Frage folgt eine Gegenfrage: „Ach, bist du kein Komiker?"

Ich: „Nein, nur so etwas Ähnliches … ich bin Diakon!"

„Aber du wurdest uns so angekündigt!", protestiert sie.

Wir sind noch lange nicht am Veranstaltungsort. Es folgt eine längere Diskussion, in der ich mich weiter weigere, noch schnell für Karfreitag eine witzige Predigt zu entwerfen. „Was machen wir denn jetzt?"

Unsere Übersetzerin verzweifelt langsam, sie kann niemanden von der Veranstaltungsleitung per Handy erreichen. Eine Programmänderung ist so spontan nicht mehr möglich, denn die Veranstaltung läuft bereits.

Endlich sind wir da. Als wir in die Halle kommen, stehen wir vor einer feiernden Menge. Die Band hat gerade das Lied „Jesus is alive!" (auf Deutsch: „Jesus lebt") unter tosendem Applaus beendet. Das Publikum grölt den Refrain laut weiter: „Tschieeesäs! Tschieeesäs!"

Ich komme auf die Bühne, meine Karfreitagspredigt in meiner Bibel. Die Leute lachen und sind gut drauf. *Das sind wohl die Vorschusslorbeeren für einen Kabarettisten,* denke ich. Doch der von den Leuten erhoffte Witz zum Einstieg bleibt aus.

Kein Gag. Keine dumme Bemerkung. Karfreitag ist nicht zum Lachen.

Die Leute werden nervös, als ich den Text der Kreuzigung vorlese. Manche verlassen die Halle – andere lachen. Doch dann wird die eben noch so schwungvolle Menge still. Der Schrei Jesu am Kreuz „Mein Gott, mein Gott, warum hast du mich verlassen" klingt nach. In der Halle. In den Herzen der Zuhörer. Ich sehe Tränen in manchen Augen.

Plötzlich sind wir im Karfreitag angekommen. „Verlassen!" – wer kann das nicht nachfühlen? Wer kennt nicht das Gefühl, verlassen zu sein? Natürlich würden wir dieses Gefühl viel lieber überspielen. Aber es geht nicht. In unseren Herzen klingt es nach – „verlassen – einsam – verraten"!

Die Worte von Johannes dem Täufer werden grausame Wirklichkeit: „Seht das Lamm Gottes, das die Sünden der Welt trägt." Es ist eine schwere Last. An Karfreitag macht Gott ernst. Todernst. Sind wir offen für dieses dunkle Kapitel in der Geschichte, die Gott in dieser Welt durchlebt? Es fällt mir schwer, diesen Schmerz auszuhalten.

Der Theologe Fulbert Steffensky schreibt mit der Frage „Was vermachen wir unseren Kindern?": *„Es gibt religiöse Kinderbücher, die nur kastrierte Geschichten erzählen, aus denen alle Angst, aller Zorn, alle Niederlagen und Zerstörungen entfernt sind. In ihnen hat jeder Vogel sein Nest, jedes Kind seine herrlichen Eltern, dazu gibt es noch einen* ungemein gemütlichen Gott. *Kinder werden mit solchen Geschichten beleidigt, weil ihnen nichts zugemutet wird und weil sie um die Wahrheit des Lebens betrogen werden. Es ist – wenn man ein Märchen als Beispiel gebrauchen will –, als ob man Hänsel und Gretel nur als Sonntagsausflug beschriebe, ohne Hunger und Not der Eltern, ohne Verstoßung der Kinder, ohne den gefährlichen Weg und ohne Bedrohung durch die böse Hexe. Das Leben ist auch für die Kinder nicht einfach, und eine Befreiungs- und Gelingensgeschichte hat ihre Kraft und ihre authentische Farbe nur, wenn die Bedrohung nicht verschwiegen wird. Man kann Kinder nicht schonen durch vorgetäuschte Welten, denn das Leben schont sie auch nicht. Jemanden vor der Wirklichkeit verschonen heißt immer ihn nicht ernst nehmen.*[21]

Gott nimmt uns ernst. Er wird Mensch. Gott selbst macht sein Wort wahr. An Karfreitag trägt der Sohn Gottes alle Last der Welt am Kreuz. Sein Reden und sein Handeln gewinnen in dieser Stunde an todsicherer Glaubwürdigkeit.

Rudolf Otto Wiemer schreibt: „Keines seiner Worte glaubte ich, hätte er nicht geschrien: ‚Gott, warum hast du mich verlassen?'

Das ist mein Wort, das Wort des untersten Menschen. Und weil er selber so weit unten war, dieser Gott, weil er ein Mensch, der ‚Warum' schreit und schreit ‚Verlassen', deshalb könnte man ihm vielleicht auch die andern Worte, die von weiter oben kommen, glauben."

Nur wenn wir lernen, die Dunkelheit an Karfreitag auszuhalten, werden wir das Osterfest richtig verstehen und feiern können. Nur wenn wir die Gottesverlassenheit durchstehen, den leidenden Jesus am Kreuz wirklich in seinen Schmerzen und in seinem Leiden wahrnehmen, werden wir am Fest der Auferstehung auch in den großen triumphierenden Osterruf einstimmen können und das Fest des Lebens – nicht nur an Ostern – feiern können: „Jesus lebt, mit ihm auch ich! Tod, wo sind nun deine Schrecken? Er, er lebt und wird auch mich von den Toten auferwecken. Er verklärt mich in sein Licht, dies ist meine Zuversicht! Jesus lebt! Ich bin gewiss, nichts soll mich von Jesus scheiden, keine Macht der Finsternis, keine Herrlichkeit, kein Leiden. Seine Treue wanket nicht, dies ist meine Zuversicht!"

Herz und Mund und Tat und Leben

Johann Sebastian Bach hat eine wunderschöne Kantate geschrieben, die ich morgens (wenn der Arbeitstag wieder besonders voll ist) gerne zur persönlichen Erbauung und zur eigenen Motivation höre. Am Anfang der Kantate heißt es: „Herz und Mund und Tat und Leben – muss von Christo Zeugnis geben. Ohne Furcht und Heuchelei, dass er Gott und Heiland sei." Diese Kantate hilft mir, mich selbst zu hinterfragen: Hat Gottes gute Nachricht mein Herz erreicht? Darf mich Gott in meinem Leben ansprechen? (vgl. Jesaja 43,1). Gebe ich dieses Wort auch weiter? Lass ich andere an dieser Erfahrung teilhaben? Handle ich auch so? Dietrich Bonhoeffer schreibt: „Wenn ein Wahnsinniger mit dem Auto durch die Straße rast, kann ich als Pastor, der dabei ist, nicht nur die Überfahrenen trösten oder beerdigen, sondern ich muss dazwischenspringen und ihn stoppen."

Oft erlebe ich Menschen, die genau wissen, wie Kirche, Gemeinde, Glauben, Leben usw. sein müssten – und ich gebe den Leuten an vielen

Punkten auch recht. Die Älteren sagen, dass früher alles besser war, und die Jüngeren vergleichen gar nicht erst, sondern finden sowieso alles verstaubt und distanzieren sich oft. Die Arbeit wird weiter erledigt – meist sogar sehr gut. Aber an vielen Punkten fehlen die Leidenschaft und das persönliche Engagement. Paulus bezeichnet uns als „lebendigen Brief Gottes" (2. Korinther 3,3).

Menschen werden unsere Worte mit unseren Taten vergleichen. Habe ich den Mut, Jesus „ohne Furcht" und „ohne Heuchelei" nachzufolgen? Mir fällt Petrus ein. „Ich kenne ihn nicht!", hat er gesagt. Dann lief er weinend aus der Stadt. An Pfingsten steht er dann vor vielen Menschen aus unterschiedlichen Ländern und predigt mutig den „gekreuzigten und auferstandenen Christus"!

Wir brauchen den Heiligen Geist, der uns den Mut gibt, zu erkennen und dann zu bekennen. Wir brauchen Gottes Geist, der uns die Furcht vor dem Leben nimmt. Der uns Mut macht, unser Leben Gott anzuvertrauen, und der uns auch Mut gibt, am Arbeitsplatz, in der Familie das Richtige zu suchen, zu sagen und zu tun. Jesus ist für die Schwachen gekommen – die „Gesunden" brauchen ihn nicht (Lukas 5,31). Wir dürfen auch unsere Schwachstellen benennen. Ich, als Mensch, habe Schwächen. In meinen Beziehungen zu Menschen, zum Ehepartner, zu Arbeitskollegen, zu meinen Eltern, zu meinen Kindern, stoße ich an Schwachstellen.

Mein „Ja" ist unterschiedlich: mal laut und bewusst – mal zögernd leise – mal stimmen meine Worte und meine Taten überein – mal passt da gar nichts. Und auch meine Beziehung zu Gott hat an manchen Punkten Schwachstellen: Zweifel, Schuld, Sorgen, Klage werden immer wieder Teil dieser Beziehungen sein. Das ist vollkommen normal und Bestandteil jeder Beziehung. Aber das muss ich nicht verschweigen, sondern ich darf dazu stehen. Ich darf Zweifel und Schwierigkeiten benennen und so Gott als treuen Gott erleben. Als Gott, der mir nur Gutes will. Der mich begleitet. Der sich für meine Lebensumstände interessiert und an dem ich genau deshalb festhalten darf. Gott ist mein Freund!

Ich hoffe, wir dürfen diese Freude immer wieder erfahren! Als Christ und als Mensch gibt es Bereiche in meinem Leben, über die ich mich freue, und Bereiche, die mich traurig machen. Aber ich glaube, das ist der tiefe Schatz, den wir als Christen besitzen: beladen und getragen, traurig und getröstet, sündig und errettet, gefangen und frei, erschöpft und begeistert zu sein! Diese tägliche Erfahrung macht uns „Menschen-nah" und gibt uns und den Menschen, die uns anvertraut sind, die Hoffnung auf mehr!

Die Bachkantate schließt mit genau dieser Ermutigung: „Jesus bleibet meine Freude, meines Herzens Trost und Saft, Jesus wehret allem Leide, er ist meines Lebens Kraft, meiner Augen Lust und

Sonne, meiner Seele Schatz und Wonne; darum lass ich Jesum nicht – aus dem Herzen und Gesicht."

Der letzte Satz ist eine eigene Herausforderung für sich. „Darum lass ich Jesus nicht – aus dem Herzen und Gesicht." Ich kenne viele Menschen, die Jesus in ihrem Herzen tragen. Aber ich kenne deutlich weniger Menschen, die ihn auf ihrem Gesicht tragen. Doch, da gibt es schon noch mehr. Aber das ist dann eher das Leiden Christi ...

„Der dich behütet, schläft nicht"

Bevor ich Ihnen erzählen kann, welche Geschichte diese Geschichte geschrieben hat, muss ich Ihnen natürlich erst die Geschichte selbst erzählen.

Es war ein Gespräch zweier Frauen, das ich einmal während einem gemeinsamen Essen miterlebte. Neben mir saßen zwei Frauen, deren Alter ich nur schätzen kann. (Sollten Sie diese Frauen einmal treffen, sagen Sie ihnen bitte nicht, wie ich ihr Alter geschätzt habe – Frauen gefällt das nicht besonders, wenn man sich da verschätzt.) Die eine Frau, vielleicht fünfzig – sehr missionarisch, wie man sehr schnell merkte –, konfrontierte ihr kauendes Gegenüber, vielleicht achtzig Jahre alt, mit der Frage: „Wann haben Sie sich denn für den Herrn Jesus entschieden?"

Das Kauen der alten Dame wurde plötzlich schneller, die Augen größer und die Stirn legte sich in Falten. Dann war die Frage wohl nicht richtig gestellt, dachte sich die Jüngere und wiederholte ihre Frage: „Wann haben Sie denn dem Herrn Jesus Ihr Leben übergeben?"

Ich wusste nicht, dass das Kauen noch schneller gehen konnte, die Augen noch größer werden konnten und die Stirn noch eine Falte mehr vertrug.

Irgendwann hatte die Frau den Bissen runtergeschluckt und meinte: „Entschieden? Leben übergeben? Ich wusste gar nicht, dass man sich dafür entscheiden muss!"

„Nicht? Dann kommen Sie in die Hölle!", war die klare Antwort, und nachdem die junge Frau sie dann zu diesem „Schritt" überreden wollte, fing die alte Frau an zu erzählen. Nein, sie argumentierte nicht, stritt nicht, rechtfertigte oder verteidigte sich nicht. Sie zog keinen dicken dogmatischen Wälzer aus ihrer Handtasche und las daraus das Kapitel „Warum ich so glaube, wie ich glaube" vor.

Ganz anders. Sie erzählte. Ihre Geschichte begann vor vielen Jahren, mitten im Leben. Normal und völlig gewöhnlich. Sie erzählte von ihrem Konfirmandenunterricht und von ihrem Pfarrer, der ihnen beigebracht hatte, dass „Glauben" nichts anders als „mit Gottes Versprechen leben" heißt. Sie zitierte ihren Konfirmationsspruch aus dem 121. Psalm: „... der dich behütet, schläft und schlummert nicht!"

195

„Dieser Spruch", erzählte sie weiter, „hat mich ein ganzes Leben lang getragen." Und dann erzählte sie vom Krieg und den Bomben und den Sirenen, die nachts anfingen. Alle mussten in den Keller laufen und hatten große Angst. Wird unser Haus getroffen? Überleben wir die Nacht? Trotz dieser großen Angst wusste die Frau: „... der mich behütet, schläft und schlummert nicht."

Dann erzählte sie von dem schrecklichen Autounfall, bei dem ihre Eltern umkamen. Beide an einem Tag. „Meine Eltern hatten mir so viel ermöglicht und gezeigt, wie man mit den festen Schritten den Weg ins Leben findet. Und plötzlich waren sie weg – beide. Und ich stand am Grab und weinte. Ich hab mich so allein, so verlassen gefühlt. Aber eines wusste ich: ‚Der mich behütet, schläft und schlummert nicht!'"

Sie lernte einen Mann kennen. „Ein toller Kerl! Er konnte Dinge, die ich nicht konnte, und ich konnte Dinge, die er nicht konnte! Es gab eine Zeit, da konnten wir uns gar nicht vorstellen, dass wir uns einmal nicht gekannt haben!" Doch dann stirbt der Mann an einer schrecklichen Krankheit und wieder ist die Frau auf sich alleine gestellt.

Ihr Sohn besucht sie kaum. Vor ein paar Monaten hat er seine Arbeitsstelle verloren. Sein Chef hatte ihn so oft abgemahnt und ihm den Rausschmiss angedroht, wenn er noch einmal betrunken zur Arbeit kommen würde. „Nur wenn er Geld braucht, dann tauscht er auf!" Resigniert schaute sie in die Ferne. „Und heute", sagte sie tapfer, „heute habe ich einen müden Körper. Ich bin ganz ehrlich, ich merke, ich bin alt und einsam geworden. Manchmal liege ich auf meinem Bett und weine. Aber eines weiß ich mein ganzes Leben lang: Gott hat mir versprochen, mich immer zu begleiten! Denn der mich behütet, schläft nicht! Das steht fest!"

Am Ende dieser Erzählung ist es an unserem Tisch still geworden. Die alte Frau hat mit ihrer Geschichte, mit ihrem Leben, so manchen zum Schweigen, zum Nach-Denken gebracht – auch mich. Dietrich Bonhoeffer schreibt: „Wenn man völlig darauf verzichtet hat, aus sich selbst etwas zu machen – sei es einen Heiligen oder einen bekehrten Sünder oder einen Kirchenmann, einen Gerechten oder Ungerechten, einen Kranken oder Gesunden – und dies nenne ich Diesseitigkeit, nämlich in der Fülle der Aufgaben, Fragen, Erfolge und Misserfolge, Erfahrungen und Ratlosigkeiten leben –, dann wirft man sich Gott ganz in die Arme, dann nimmt man nicht mehr die eigenen Leiden, sondern das Leiden Gottes in der Welt ernst, dann wacht man mit Christus in Gethsemane, und ich denke, das ist Glaube, das ist ‚Umkehr'; und so wird man ein Mensch, ein Christ!"

Mich bewegt dieser unerschütterliche Glaube der alten Frau. Das Vertrauen darauf, dass es Gott gut mit mir meint, auch wenn die Erlebnisse meines Lebens scheinbar dagegensprechen. Gott ist für mich, auch wenn er – aus meiner Sicht – nicht alle meine Gebete erhört. Das ist auch mein Glaube, meine Gewissheit: „Der mich behütet, schläft und schlummert nicht." Bei meinen Konzerten erzähle ich diese Geschichte und singe dazu das Lied „Glauben".

Glauben

In all den Jahren
gab dieses alte Wort dir Kraft;
hat dich bestärkt und dir gezeigt,
wie man's vielleicht schafft.

War auf deiner Seite,
jener unsichtbare Gast,
den du dir gewünscht,
aber nicht immer gleich wahrgenommen hast.

Trotz mancher Trauer
war dieses Wort dir Licht:
Der dich behütet –
der schläft und schlummert nicht.

Du hast dich nie entschieden,
nie was unterschrieben,
aber mit Sicherheit
hattest du für dich die Sicherheit, die bleibt.
Du wurdest nie gezwungen,
hast oft damit gerungen,

dass man letztlich doch nur glauben kann,
was man nicht sieht.

Mutig gingst du Wege,
und manche gingst du nicht.
Wurdest lautlos begleitet
von dem, der nie Versprechen bricht.

Für dich war das ein Wunder,
nur du selbst kannst das verstehn.
Und du sagst, verständlich lächelnd,
du musst gehn – dann wirst du sehn.

Trotz eigener Zweifel sagst du mir ins Gesicht:
Der dich behütet –
der schläft und schlummert nicht.

Du hast nie geschwiegen,
hast nie übertrieben.
Denn mit Sicherheit
hattest du für dich die Sicherheit, die bleibt.
Du warst für das Leben,
hast mir viel gegeben,
dass man trotzdem glauben kann,
was man nicht sieht.

Text und Melodie: Andi Weiss, CD: „ungewohnt leise",
© Gerth Medien Musikverlag, Asslar

Eine Geschichte schreibt Geschichte ...

Ich werde von den unterschiedlichsten Veranstaltern auf die unterschiedlichsten Veranstaltungen eingeladen.

Einmal sollte ich auf einem Missionskongress ein Konzert spielen. Lange überlegte ich, ob ich diese Geschichte erzählen und das Lied dazu singen sollte. Wie werden die Zuhörer damit umgehen? Werde ich mit faulen Tomaten beworfen, gesteinigt, geteert und gefedert?

Ich habe mich dann doch dafür entschieden. Nach dem Konzert kam der Leiter der Veranstaltung auf mich zu und meinte: „Andi, weißt du, welches Lied und welche Geschichte mir am besten gefallen haben? Das war die Geschichte von der alten Frau, die sich nie entschieden hat!"

Wir kamen ins Gespräch, und er erzählte, wie er seit vielen Jahren versucht, seine Eltern von seiner Art zu glauben zu überzeugen. Diese Geschichte hätte ihn entlastet und ihm gezeigt, wie unterschiedlich und manchmal unergründlich „die Wege Gottes" mit uns Menschen sein könnten.

Das hat mich sehr bewegt. Ein Jahr später bekam ich eine Mail, in der mir der gleiche Mensch schrieb, dass gestern seine Mutter an einem Herzinfarkt gestorben sei. Die Geschwister hatten sich nun auf folgende Überschrift über der Todesanzeige geeinigt: „Der dich behütet, schläft und schlummert nicht!"

Zünd ein Licht an

Wieder geht ein Tag auf Reisen
und der Mond zeigt sein Gesicht.
Du lässt unsre Erde kreisen
und ich kreise still um dich.

Kreise auch um meine Fragen,
Zweifel bohren sich oft tief.
Kreise um vergangne Tage,
weil nicht immer alles grade lief.

Sanft legt sich ein dunkler Schleier
über unser weites Land.
Und so leg ich meine Stunden
zurück in deine gute Hand.

Denn so wie tausend Sterne funkeln,
so machst du Versprechen wahr.
Im tiefen Tal und auch im Dunkeln
führst du mich und bist mir nah.

Zünd ein Licht an,
das heute für uns beide brennt.
Und erinner mich dann,
wenn uns mein Zweifel wieder trennt:
Du hast dein Wort gegeben
und keiner rüttelt mehr daran.
Halt mich in diesen Stunden
ganz fest in deinem Arm.

Wieder geht ein Tag zur Neige.
Weiß ich, wie viele es noch sind?
An dieser Grenze will ich schweigen,
während meine Zeit verrinnt.

Nur so kann Vertrauen reifen,
wenn man auch fast nichts versteht.
Wenn es schwerfällt zu begreifen,
dass man nicht allein geht.

Text und Melodie: Andi Weiss, CD: „liebenswürdig",
© Gerth Medien Musikverlag, Asslar

Mein Navigationssystem

Im letzten Jahr war es auf der „Weihnachtsge-schenke-Top-10" Platz Nummer eins: das Naviga-tionssystem.

Natürlich wollte ich so etwas auch haben, und zwar sofort! Meine Frau, die deutlich mehr Orientierungssinn mit in die Ehe gebracht hat, war natürlich dagegen. Nachdem ich irgendwann eine ganze Sitzung verpasste, weil ich mich so derartig verfahren hatte, musste so ein Teil nun endlich an-geschafft werden. Also bestellt, geliefert, eingebaut und ... es funktionierte – sogar sehr gut.

Für mich war es keine besondere Umstellung, mit dem Gerät zu fahren. Als verheirateter Mann bin ich es ja gewohnt, dass mir beim Autofahren eine Frauenstimme sagt, wo es langgeht. Fantastisch, die-ser Kasten! Motor an, Hirn aus – und so schnell wie noch nie am Ziel angelangt. Ich wusste, das war der Beginn einer wunderbaren Freundschaft!

Irgendwann ist die „erste Not" dann gestillt und man(n) beginnt zu spielen. Man lässt sich den Weg von zu Hause zum nächsten Supermarkt navigieren, fährt absichtlich falsch, lässt sich ermahnen („Bitte wenden Sie jetzt") und findet glücklicherweise im Menü die Möglichkeit, die verbale Rüge bei Geschwindigkeitsübertretungen abzuschalten. Doch dann macht man plötzlich eine erschütternde Erfahrung.

Fährt man Wege, die man kennt, steuert man Ziele, die man schon oft gefahren ist, an, dann stellt sich heraus, welche komischen Wege das Navigationsgerät manchmal wählt. Da gibt der Kasten Wege vor, die ich eigentlich besser kenne, und ich merke, ich beginne an meinem Wissen und an meiner Erfahrung zu zweifeln, weil die Computerfrau einfach nicht aufhört, mich zur Umkehr zu bewegen und nach ihren Vorstellungen zum Ziel zu führen.

Manchmal lerne ich Christen kennen, die mich an so ein Navigationssystem erinnern. Als ich mich selbst im ersten Geschichtenbuch („ungewohnt leise – 50 persönliche Begegnungen mit Gott") einen „Gottsucher" nannte, kam eine Vielzahl mitleidiger Rückmeldungen: „Herr Weiss, was können wir tun, damit Sie vom Gott-Sucher zum Gott-Finder werden?"

Ich glaube, auch als Christen sind wir immer auf der Reise – aber mit Ziel, wir sind ein Leben lang unterwegs und doch zu Hause –, wir suchen – und haben doch schon gefunden –, wir fragen und zweifeln – und wissen uns doch geborgen bei Gott.

Vielleicht haben Sie auch so „christliche Navigationsgeräte" kennengelernt. Menschen, die alles wissen und sogar noch mehr. Menschen, die vielleicht aus eigener Unsicherheit heraus tapfer an gewagten Glaubensaussagen festgehalten haben. Menschen, die Ihnen verboten haben, Ihre Zweifel zu benennen. Ich frage mich oft, woher die Leute die vielen Dinge, die sie über Gott erzählen, wissen.

Da jagt eine „Privatoffenbarung" die nächste, und jeder ist sich sicher, dass das, was dort offenbart wurde, auch die hundertprozentige Wahrheit für alle Menschen ist.

Herbert Grönemeyer singt in dem Lied „Ein Stück vom Himmel": „Es wird zu viel geglaubt – zu wenig erzählt." Jeder Mensch und jeder Christ hat seine eigene Geschichte. Ich entdecke, dass sich mir Gott immer auf ganz unterschiedliche Art und Weise offenbart. Vielleicht ist Ihre bisherige Glaubensgeschichte von Enttäuschungen geprägt. Vielleicht wurde Ihnen der Glaube ausgeredet und Ihre Art zu glauben madig gemacht.

Ich kenne so manche Menschen, die in mein Büro kommen und ausführlich erzählen, warum sie nicht mehr glauben wollen oder können. Da war ein Schicksalsschlag, und seitdem fällt es so schwer, an einen „liebenden Vater", einen „guten Gott" zu glauben.

Anderen Menschen wurde gesagt: „Wenn du nicht so glaubst, wie wir glauben, dann brauchst du gar nicht glauben!" Und seitdem glauben diese Menschen lieber gar nichts mehr.

Kennen Sie solche Erfahrungen? Ich möchte Sie ermutigen: Niemand kann Ihnen Ihren Glauben absprechen oder ihn beurteilen! Sie müssen sich vor niemandem rechtfertigen, außer vor Gott selbst! Niemand kann sich über Sie erheben! Gott selbst hat sich Ihrer erbarmt! Gott hat versprochen, Sie nicht zu verlassen! Gott ist für Sie! Denn Gott ist nicht ein Gott der Besserwisser, der Gesetzlichen, der Neunmalklugen und der Überfrommen. Gott ist ein Gott der Armen und er macht uns reich! Gott ist ein Gott der Leidenden und er wird uns trösten! Gott ist ein Gott der Hungrigen und er wird uns unseren Hunger stillen! Gott ist ein Gott der Schuldigen und er macht uns gerecht! Gott ist ein Gott der Suchenden und er wird sich zu seiner Zeit finden lassen! Gott ist ein Gott der Schwachen und er wird uns halten! Daran möchte ich immer wieder in meiner eigenen Schwäche festhalten.

Ich glaube, Gott braucht und gebraucht unsere Schwächen, um uns so seine Liebe zu zeigen. Deshalb dürfen wir diese Schwächen mutig ansprechen und nicht wegschweigen. Wir dürfen „tapfer sündigen", wie Martin Luther uns ermutigt hat.

Nein, das meint nicht, dass wir jetzt erst recht auf den Putz hauen sollen, weil uns „der liebe Gott" ja alles vergibt. Aber wir dürfen loslegen, das Leben leben. Auch auf die Gefahr hin, dass ich vielleicht einmal die falsche Ausfahrt wähle, mir auf einem Schleichweg einen platten Reifen hole oder vielleicht wegen einer Baustelle den ganzen Weg wieder zurückfahren muss.

Ein Gebet von Antoine de Saint-Exupéry ist mir in meinem Glaubensleben, in den Höhen und Tiefen des Alltags, sehr wichtig geworden: *„Ich bitte nicht um Wunder und Visionen, Herr, sondern um Kraft für den Alltag. Lehre mich die Kunst der kleinen Schritte: Mach mich findig und erfinderisch, um im täglichen Vielerlei und Allerlei rechtzeitig meine Erkenntnisse und Erfahrungen zu notieren, von denen ich betroffen bin. [...]*

Bewahre mich vor dem naiven Glauben, es müsse im Leben alles glattgehen. Schenke mir die nüchterne Erkenntnis, dass Schwierigkeiten, Niederlagen, Misserfolge, Rückschläge eine selbstverständliche Zugabe zum Leben sind, durch die wir wachsen und reifen.

Erinnere mich daran, dass das Herz oft gegen den Verstand streikt. Schick mir im rechten Augenblick jemanden, der den Mut hat, mir die Wahrheit in Liebe zu sagen. Ich möchte dich und die anderen immer aussprechen lassen. Die Wahrheit sagt man nicht sich selbst, sie wird einem gesagt.

Ich weiß, dass sich viele Probleme dadurch lösen, dass man nichts tut.

Gib, dass ich warten kann. Du weißt, wie sehr wir der Freundschaft bedürfen. Gib, dass ich diesem schönsten, schwiegsten, riskantesten und zartesten Geschäft des Lebens gewachsen bin. Verleihe mir die nötige Fantasie, im rechten Augenblick ein Päckchen Güte, mit oder ohne Worte, an der richtigen Stelle abzugeben.

Mach aus mir einen Menschen, der einem Schiff mit Tiefgang gleicht, um auch die zu erreichen, die ‚unten' sind. Bewahre mich vor der Angst, ich könne das Leben versäumen. Gib mir nicht, was ich wünsche, sondern was ich brauche. Lehre mich die Kunst der kleinen Schritte!'[22]

Manchmal wäre ich schon gerne zu Hause. Manchmal hätte ich gerne Antworten auf alle meine Fragen. Manchmal ärgere ich mich über meine menschlichen Grenzen. Manchmal wäre ich gerne schon weiter, produktiver, schneller. Manchmal packt mich die Ungeduld – mit mir und mit anderen. Manchmal freue ich mich über das Leben und manchmal trauere ich.

Dann mahnt mich das Gebet von Saint-Exupéry zur Entschleunigung und zur Ruhe. Es erinnert mich an das Eigentliche und dann werde ich plötzlich ganz leise auf meiner Reise.

Meine Reise

Wenn der Vorhang fällt,
die Lichter gehen aus.
Das Konzert vorbei ist,
vielleicht kommt noch Applaus,
werden Stimmen leise,
einer fängt an, den Saal zu kehrn,
geh ich auf meine Reise zu dir.

Weil der Abend gut war,
wag ich den nächsten Schritt.
Weil du spürbar da warst –
ungewohnt leise gehst du mit,
komm ich müde lächelnd,
voller Dankbarkeit vor dich,
geh ich auf meine Reise zu dir.

Auf dich kann ich baun in schweren Zeiten.
Dir kann ich vertraun, auch wenn ich scheiter.
Darum lehn ich mich geborgen
zurück in deinen Arm
und werde leise auf meiner Reise zu dir.

Wenn ich nun den letzten Vers sing,
letzte Töne klingen am Klavier,
bin ich schon am Reisen,
in Gedanken bin ich schon bei dir.
Hab mich in dir gefunden,
steh nun schon vor deiner Tür.
Bin am Ziel meiner Reise zu dir.

Text und Melodie: Andi Weiss

Bis du schläfst

Stellen Sie sich vor, Sie geben ein Konzert und einer schläft ein. Ich hätte das dem Mann sicher persönlich genommen, hätte er mir nicht zuerst seine Vorgeschichte erzählt. Also gut, beginnen wir ganz am Anfang. Nein, lieber am Ende.

Eben am Ende eines meiner Konzerte. Als letztes Lied hatte ich das Lied „Bis du schläfst" gespielt. Ich hatte es ganz frisch geschrieben. Premiere sozusagen. „Bis du schläfst, bleib ich bei dir – halt dich fest in meinem Arm. Bis du schläfst, bleib ich bei dir, ist mein Friede tief in dir. Wenn die Angst kommt, bin ich bei dir, schütze dich vor Gefahr. Wenn du schläfst, bin ich bei dir. Breiten Engel ihre Flügel über dich."

Da kam ein Mann auf mich zu und bat: „Herr Weiss, könnte ich vielleicht den Text von diesem Schlaflied haben?"

Es kommt öfter vor, dass Menschen nach einem Konzert ein bestimmtes Lied noch einmal nachlesen wollen. Ich gehe nur meistens davon aus, dass es eher an meiner undeutlichen Aussprache liegt. Also sagte ich im Scherz: „Wieso? Habe ich schon wieder so genuschelt beim Singen?"

Er: „Nein, gar nicht! Ich bin bei diesem Lied eingeschlafen!"

Ich war sehr verdutzt. „Eingeschlafen? Aber geschlafen wird doch zu Hause! Sie können doch nicht für ein Konzert Geld ausgeben und dann das Konzert verschlafen!"

Er lachte und begann zu erzählen. Seit Jahren schon leide er unter chronischen Einschlafproblemen. Bei dem Lied hatte er sich das vorgestellt, was ich vor dem Lied erzählt habe, und dabei ist er eingeschlafen.

Ich erzähle bei Konzerten, bevor ich das Lied „Bis du schläfst" spiele, von einem Gebet aus meiner Kindheit. Wenn wir Kinder nicht schlafen konnten, kam die Mutter oder der Vater (je nachdem, wer Schicht hatte – wir waren vier Kinder, also musste man sich das gut einteilen), und dann wurde gebetet.

Vielleicht kennen Sie das Gebet. Dabei werden Engel um das Bett gestellt. Ein Engel an den linken Bettpfosten, ein Engel an den rechten Bettpfosten, ein Engel an die Kopfseite ... (der arme Engel, der bei den Füßen stehen musste ... hoffentlich waren die gewaschen!). Wenn es „ganz normale Einschlafprobleme" waren, konnte man mit ein paar Engeln an seinem Bett gut einschlafen. Wenn es aber so richtige Einschlafprobleme waren, dann wurden ganze Engelscharen herbeigebetet. So lange, bis das ganze Zimmer voller Engel war und kein weiterer Engel mehr hineingepasst hätte. Erst dann konnte man ruhig und behütet einschlafen, weil man sich ganz sicher bei Gott aufgehoben wusste.

Wenn Sie mir versprechen, niemandem davon zu erzählen, verrate ich Ihnen ein Geheimnis: Manchmal, wenn ich nachts grübelnd in meinem Bett liege und noch ein Projekt in meinem Kopf weiterarbeitet oder ein Gespräch in meinem Herzen nachwirkt, dann bete ich genau dieses Gebet.

Und ich komme mir dabei gar nicht kindisch vor.

Gute Nacht

Wenn sich die Welt
jetzt schlafen legt
und sich die Erde
wieder weiterdreht,
dann bin ich der,
der über dir wacht.
Gute Nacht. Gute Nacht.

Wenn sich dein Herz
ohne Ruhe quält
und dich vor Angst
vom guten Schlaf abhält,
dann halt ich dich –
geb auf dich acht.
Gute Nacht. Gute Nacht.

Wenn Traurigkeit
dich übermannt,
der Docht nur glimmt,
der früher mal gebrannt,
dann bring ich Glut,

die dein Feuer neu entfacht.
Gute Nacht. Gute Nacht.

Wenn deine Seele
zögerlich verzagt
und eine böse
Krankheit an dir nagt,
dann wärm ich dich,
umgebe dich ganz sacht.
Gute Nacht. Gute Nacht.

Wenn du nicht weißt,
was der Morgen bringt,
und kein Stück Licht
in deine Sorgen dringt,
bin ich dein Trost,
bin deine gute Macht.
Gute Nacht. Gute Nacht.

Text und Melodie: Andi Weiss, CD: „liebenswürdig",
© Gerth Medien Musikverlag, Asslar

Quellen

[1] Antje Sabine Naegeli: Du hast mein Dunkel geteilt – Gebete an unerträglichen Tagen, S. 110 f. © Verlag Herder, Freiburg im Breisgau, 6. Auflage © 2007

[2] aus: Dietrich Bonhoeffer: Widerstand und Ergebung, München 1978, 10. Aufl., S.177 f.

[3] Martin Luther: Grund und Ursach aller Artikel D. Martin Luthers, so durch römische Bulle unrechtlich verdammt sind, BoA 2, S. 60–132

[4] DBW 10.483 f.

[5] Martin Luther: Luthers kleiner Katechismus, Drittes Hauptstück: Vom Vaterunser

[6] Anthony de Mello: Warum der Schäfer jedes Wetter liebt

[7] Teresa von Avila: Die Botschaft vom Gebet, St. Benno-Verlag, Leibzig 1997, 3. Aufl., S. 7

[8] Verfasser unbekannt, Original in Englisch: Honk, if you love Jesus

[9] Martin Luther: Die Psalmenauslegung Bd. III, Hrsg. E. Mühlhaupt, Göttingen 1965, S. 461

[10] Komm, ich erzähl dir eine Geschichte (Jorge Bucay), Ammann Verlag & Co., Zürich

[11] Konstantin Wecker: Die Kust des Scheiterns – Tausend unmögliche Wege, das Glück zu finden, Piper, München 2007

[12] G. Biemer, Der Dienst der Kirche an der Jugend, „Die theologische Anthropologie des Jugendalters“, Freiburg – Basel – Wien, 1985

[13] aus: Rainer Maria Rilke, Neue Gedichte, 1907

[14] Paulo Coelho, Elf Minuten, Diogenes, Zürich 2003

[15] Sören Kirkegaard, Beten heißt Hören

[16] Biss-Zeitung/München, Liebe ist eine Zaubermacht, Eleni Adamidu

[17] Timeline, Michael Crichton, Goldmann Verlag

[18] DBW 8, S. 43

[19] Rudolf Otto Wiemer, Der Augenblick ist noch nicht vorüber – Ausgewählte Gedichte, Kreuz Verlag

[20] Johann Wolfgang von Goethe, Faust I, Vers 214 ff.

[21] Prof. Dr. Fulbert Steffensky, Religionspädagoge, Hamburg/Vortrag: Räume und Bilder des Glaubens – Was vermachen wir unseren Kindern?

[22] Aus: Antoine de Saint-Exupéry, „Die Stadt in der Wüste“

Haben Sie Interesse an einem Konzert mit Andi Weiss? Dann besuchen Sie seine Internetseite www.andi-weiss.de.

Andi Weiss:
Ungewohnt leise
50 persönliche Begegnungen
mit Gott.

Gebunden, 180 Seiten
Bestell-Nr. 816 188

Andi Weiss:
CD Ungewohnt leise
Bestell-Nr. 939 354

Das Buch „Ungewohnt leise"

Die 50 Kurzgeschichten erzählen von persönlichen Erlebnissen mit Gott. Bekannte Autoren wie Jürgen Werth, Johannes Friedrich, Sarah Brendel oder Christina Brudereck, aber auch viele unbekannte Autoren haben hier zur Feder gegriffen, um ihr persönliches Gotteserlebnis aufzuschreiben.

Die CD „Ungewohnt leise"

Die 13 Lieder leben von starken Melodien, der klaren Stimme von Andi Weiss, von Singer-Songwriter-Klasse und seinem eigenen Klavierspiel. Vor allem aber auch von den deutschsprachigen Texten, die jede Plattheit hinter sich lassen und dazu einladen, tiefer zu gehen. Texte, die den Menschen und seine Fragen ernst nehmen. „Ungewohnt leise", das sind Lieder, die Mut machen und Hoffnung schenken.

Andi Weiss:
Es wird nicht dunkel bleiben
50 Geschichten der Hoffnung.

Gebunden, 160 Seiten
Best.-Nr. 816 340

Diese Erlebnisse gehen zu Herzen und schenken Kraft für den Glauben.

Gott begegnet uns Menschen auch heute noch. Davon zeugt diese Zusammenstellung von wahren Geschichten. Bekannte und weniger bekannte Persönlichkeiten haben zur Feder gegriffen und aufgeschrieben, was sie mit Gott insbesondere in dunklen, schweren Zeiten erlebt haben.

Die 50 Geschichten berichten etwa von einem Pfarrer, der am Grab eines Mädchens die Antwort auf die Frage nach der Auferstehung findet, von einem Mann, dessen Verlobte plötzlich das Weite sucht, und einem Franziskaner, der unter Drogenabhängigen den Sinn von Weihnachten wiederentdeckt.

Die hoffnungsvolle Botschaft in allen Geschichten lautet: Es wird nicht dunkel bleiben!